国家"双一流"建设学科

辽宁大学应用经济学系列丛书

青年学者系列

总主编◎林木西

国民经济规划推动高质量发展的作用与机制研究

Research on the Role and Mechanism of National Economic Planning
in Promoting High-Quality Development

张紫薇 著

中国财经出版传媒集团

经济科学出版社

Economic Science Press

图书在版编目（CIP）数据

国民经济规划推动高质量发展的作用与机制研究/
张紫薇著 . -- 北京：经济科学出版社，2021. 12
（辽宁大学应用经济学系列丛书 . 青年学者系列）
ISBN 978 - 7 - 5218 - 3188 - 7

Ⅰ.①国…　Ⅱ.①张…　Ⅲ.①国民经济计划 - 作用 -
中国经济 - 经济发展 - 研究　Ⅳ.①F124

中国版本图书馆 CIP 数据核字（2021）第 257850 号

责任编辑：刘战兵
责任校对：隗立娜　孙　晨
责任印制：范　艳

国民经济规划推动高质量发展的作用与机制研究
张紫薇　著
经济科学出版社出版、发行　新华书店经销
社址：北京市海淀区阜成路甲 28 号　邮编：100142
总编部电话：010 - 88191217　发行部电话：010 - 88191522
网址：www. esp. com. cn
电子邮箱：esp@ esp. com. cn
天猫网店：经济科学出版社旗舰店
网址：http://jjkxcbs. tmall. com
北京季蜂印刷有限公司印装
710 × 1000　16 开　13 印张　200000 字
2022 年 6 月第 1 版　2022 年 6 月第 1 次印刷
ISBN 978 - 7 - 5218 - 3188 - 7　定价：56. 00 元
（图书出现印装问题，本社负责调换。电话：010 - 88191510）
（版权所有　侵权必究　打击盗版　举报热线：010 - 88191661
QQ：2242791300　营销中心电话：010 - 88191537
电子邮箱：dbts@ esp. com. cn）

总　序

本丛书为国家"双一流"建设学科"辽宁大学应用经济学"系列丛书，也是我主编的第三套系列丛书。前两套系列丛书出版后，总体看效果还可以：第一套是《国民经济学系列丛书》（2005年至今已出版13部），2011年被列入"十二五"国家重点出版物出版规划项目；第二套是《东北老工业基地全面振兴系列丛书》（共10部），在列入"十二五"国家重点出版物出版规划项目的同时，还被确定为2011年"十二五"规划400种精品项目（社科与人文科学155种），围绕这两套系列丛书取得了一系列成果，获得了一些奖项。

主编系列丛书从某种意义上说是"打造概念"。比如说第一套系列丛书也是全国第一套国民经济学系列丛书，主要为辽宁大学国民经济学国家重点学科"树立形象"；第二套则是在辽宁大学连续主持国家社会科学基金"八五"至"十一五"重大（点）项目，围绕东北（辽宁）老工业基地调整改造和全面振兴进行系统研究和滚动研究的基础上持续进行探索的结果，为促进我校区域经济学学科建设、服务地方经济社会发展做出贡献。在这一过程中，既出成果也带队伍、建平台、组团队，使得我校应用经济学学科建设不断跃上新台阶。

主编这套系列丛书旨在使辽宁大学应用经济学学科建设有一个更大的发展。辽宁大学应用经济学学科的历史说长不长、说短不短。早在1958年建校伊始，便设立了经济系、财税系、计统系等9个系，其中经济系由原东北财经学院的工业经济、农业经济、贸易经济三系合成，财税系和计统系即原东北财经学院的财信系、计统系。1959年院系调整，将经济系留在沈阳的辽宁大学，将财税系、计统系迁到大连组建辽宁财经学院（即现东北财经大学前身），将工业经济、农业经济、贸易经济三个专业的学生培养到毕业为止。由此形成了辽宁大学重点发展理论经济学（主要是政治经济学）、辽宁财经学院重点发展应用经济学的大体格局。实际上，后来辽宁大学也发展了应用经济学，东北财经大学也发展了理论经济学，发展得都不错。1978年，辽宁大学恢复招收工业经济本科生，1980年受人民银行总行委托、经教育部批准开始招收国际金融本科生，1984年辽宁大学在全国第一批成立了经济管理学院，增设计划统计、会计、保险、投资经济、国际贸易等本科专业。到20世纪90年代中期，辽宁大学已有西方经济学、世界经济、国民经济计划与管理、国际金融、工业经济5个二级学科博士点，当时在全国同类院校似不多见。1998年，建立国家重点教学基地"辽宁大学国家经济学基础人才培养基地"。2000年，获批建设第二批教育部人文社会科学重点研究基地"辽宁大学比较经济体制研究中心"（2010年经教育部社会科学司批准更名为"转型国家经济政治研究中心"）；同年，在理论经济学一级学科博士点评审中名列全国第一。2003年，在应用经济学一级学科博士点评审中并列全国第一。2010年，新增金融、应用统计、税务、国际商务、保险等全国首批应用经济学类专业学位硕士点；2011年，获全国第一批统计学一级学科博士点，从而实现经济学、统计学一级学科博士点"大满贯"。

在二级学科重点学科建设方面，1984年，外国经济思想史（即后来的西方经济学）和政治经济学被评为省级重点学科；1995年，西方经济学被评为省级重点学科，国民经济管理被确定为省级重点扶持学科；1997年，西方经济学、国际经济学、国民经济管理被评为省级重点学科和重点扶持学科；2002年、2007年国民经济学、世界经济连续两届被评为国家重点学科；2007年，金融学被评为国家重点学科。

在应用经济学一级学科重点学科建设方面，2017年9月被教育部、财政部、国家发展和改革委员会确定为国家"双一流"建设学科，成为东北地区唯一一个经济学科国家"双一流"建设学科。这是我校继

1997 年成为"211"工程重点建设高校 20 年之后学科建设的又一次重大跨越，也是辽宁大学经济学科三代人共同努力的结果。此前，2008 年被评为第一批一级学科省级重点学科，2009 年被确定为辽宁省"提升高等学校核心竞争力特色学科建设工程"高水平重点学科，2014 年被确定为辽宁省一流特色学科第一层次学科，2016 年被辽宁省人民政府确定为省一流学科。

在"211"工程建设方面，在"九五"立项的重点学科建设项目是"国民经济学与城市发展"和"世界经济与金融"，"十五"立项的重点学科建设项目是"辽宁城市经济"，"211"工程三期立项的重点学科建设项目是"东北老工业基地全面振兴"和"金融可持续协调发展理论与政策"，基本上是围绕国家重点学科和省级重点学科而展开的。

经过多年的积淀与发展，辽宁大学应用经济学、理论经济学、统计学"三箭齐发"，国民经济学、世界经济、金融学国家重点学科"率先突破"，由"万人计划"领军人才、长江学者特聘教授领衔，中青年学术骨干梯次跟进，形成了一大批高水平的学术成果，培养出一批又一批优秀人才，多次获得国家级教学和科研奖励，在服务东北老工业基地全面振兴等方面做出了积极贡献。

编写这套《辽宁大学应用经济学系列丛书》主要有三个目的：

一是促进应用经济学一流学科全面发展。以往辽宁大学应用经济学主要依托国民经济学和金融学国家重点学科和省级重点学科进行建设，取得了重要进展。这个"特色发展"的总体思路无疑是正确的。进入"十三五"时期，根据"双一流"建设需要，本学科确定了"区域经济学、产业经济学与东北振兴""世界经济、国际贸易学与东北亚合作""国民经济学与地方政府创新""金融学、财政学与区域发展""政治经济学与理论创新"五个学科方向。其目标是到 2020 年，努力将本学科建设成为立足于东北经济社会发展、为东北振兴和东北亚区域合作做出应有贡献的一流学科。因此，本套丛书旨在为实现这一目标提供更大的平台支持。

二是加快培养中青年骨干教师茁壮成长。目前，本学科已形成包括长江学者特聘教授、国家高层次人才特殊支持计划领军人才、全国先进工作者、"万人计划"教学名师、"万人计划"哲学社会科学领军人才、国务院学位委员会学科评议组成员、全国专业学位研究生教育指导委员会委员、文化名家暨"四个一批"人才、国家"百千万"人才工程入选者、国家级教学名师、全国模范教师、教育部新世纪优秀人才、教育部高等学校教学指导委员会主任委员和委员、国家社会科学基金重大项目首席专家等在内的学科团队。本丛书设学术、青年学者、教材、智库四个子系列，重点出版中青年教师的学术著作，带动他们尽快脱颖而出，力争早日担纲学科建设。

三是在新时代东北全面振兴、全方位振兴中做出更大贡献。面对新形势、新任务、新考验，我们力争提供更多具有原创性的科研成果、具有较大影响的教学改革成果、具有更高决策咨询价值的智库成果。丛书的部分成果为中国智库索引来源智库"辽宁大学东北振兴研究中心"和"辽宁省东北地区面向东北亚区域开放协同创新中心"及省级重点新型智库研究成果，部分成果为国家社会科学基金项目、国家自然科学基金项目、教育部人文社会科学研究项目和其他省部级重点科研项目阶段研究成果，部分成果为财政部"十三五"规划教材，这些为东北振兴提供了有力的理论支撑和智力支持。

这套系列丛书的出版，得到了辽宁大学党委书记周浩波、校长潘一山和中国财经出版传媒集团副总经理吕萍的大力支持。在丛书出版之际，谨向所有关心支持辽宁大学应用经济学建设与发展的各界朋友，向辛勤付出的学科团队成员表示衷心感谢！

林木西

2019 年 10 月

目　录

绪　　论

第一节　选题背景

　　2019 年党的十九届四中全会指出，国家治理体系和治理能力是中国特色社会主义制度及其执行能力的集中体现①。国民经济规划作为指导我国各级政府参与经济社会发展建设的行为指南，是我国国家治理体系中涉及领域最广、最富有国家特色的现代化国家治理工具（唐啸等，2018）。它区别于计划模式和市场模式，表现为一种新型的混合型治理制度安排（胡鞍钢等，2011；鄢一龙等，2012），充分体现了中国特色社会主义市场经济的本质特征，并对中国经济的改革与发展起到了至关重要的作用（Melton，2010；Bramall，2013；韩博天等，2013）。党的十八届三中全会强调政府要健全发展战略、国民经济规划等宏观调控体系建设，以充分发挥我国的制度优势②。

　　国民经济规划始于 1953 年起实施的"一五"计划。随着我国经济体制转型，国民经济规划管理体制也在进行适应性调整。经过十个五年

---

① 《中共中央关于坚持和完善中国特色社会主义制度、推进国家治理体系和治理能力现代化若干重大问题的决定》，新华网，http：//www. xinhuanet. com/politics/2019－11/05/c_1125195786. htm。

② 《中共中央关于全面深化改革若干重大问题的决定》，人民网，http：//cpc. people. com. cn/n/2013/1115/c64094－23559163. html。

计划后，2006 年我国制定和实施了首个五年规划，即国民经济和社会发展第十一个五年规划。由国民经济计划向国民经济规划的转变，体现了党和政府在发展理念、发展目标和发展方式上的重大转变。时至今日，国民经济规划作为我国政府宏观调控的基础手段之一，持续活跃在政策舞台的中心，创造了中国独特的制度优势，开辟了独具中国特色的发展道路。

国民经济规划作为最具有中国特色的制度安排，被国内外许多学者视为破解中国经济高速增长之谜的入口（Chai，1998；Liew，1997；Brandt et al.，2008；Huang，2008；Naughton，2007；Chow，2007）。梅尔顿（Melton，2010）的研究肯定了国民经济规划对中国经济发展建设的积极意义和重要作用。胡鞍钢等（2011）、韩博天等（2013）认为国民经济规划有别于传统的中央指令性计划，也区别于纯粹的市场机制，是混合型的国家宏观战略管理工具，对国家经济发展建设具有重要作用。

然而，已有关于国民经济规划[①]的研究无论是对规划纲要的文本分析（王亚华等，2007）、经验总结（胡鞍钢等，2010；牛玉峰等，2018），还是对规划的制定过程（Heilmann & Melton，2013）、实施机制（Price，2011；姜佳莹等，2017）、实施绩效（唐啸等，2018；魏建等，2018）等的研究，都是建立在我国追求经济高速增长的战略背景下展开的。实际上，自2003 年科学发展观提出以来，追求全面、协调与可持续发展逐渐成为中国发展的战略导向[②]。党的十七大明确提出了以经济发展战略取代经济增长战略[③]。十八届五中全会进一步提出了"创新、协调、绿色、开放、共享"的五大发展理念，为我国经济社会发展转型

---

① 此段中，国民经济规划相关文献包括学者对国民经济计划的研究，特此说明。
② 《关于完善社会主义市场经济体制若干问题的决定》，央视网 http://jingji.cntv.cn/2012/11/05/ARTI1352087360703188.shtml。
③ 《高举中国特色社会主义伟大旗帜 为夺取全面建设小康社会新胜利而奋斗》，人民网，http://cpc.people.com.cn/GB/104019/104101/6429414.html。

指明了方向和路径①。

当前，我国正处于由高速增长向高质量发展转型的关键时期。国民经济发展的约束条件已经发生了系统而又深刻的变化。高质量发展的时代背景召唤"高质量"的政府规划管理创新。由此，我们必须思考在高质量发展的战略背景下，国民经济规划是否被赋予了新时代的意义和价值。对此，有必要系统回答下面两个问题：（1）国民经济规划能否推动高质量发展？（2）国民经济规划如何推动高质量发展？

对上述问题全面、深入与系统、客观地解答，构成了本研究的核心内容。

为回答第一个问题，本书研究了国民经济规划对推动高质量发展的作用。在理论分析中，本书从国民经济规划弥补高质量发展中的市场失灵和政府失灵角度出发，论证了国民经济规划对推动高质量发展的必要性；同时从国民经济规划的发展理念、发展目标和任务安排三个方面，论述了国民经济规划推动高质量发展的路径。在实证检验中，本书分别进行了政策效应检验、规划目标有效性检验以及中介机制检验，验证了国民经济规划对推动高质量发展的积极意义。

为回答第二个问题，本书从政府和市场两个方面研究了国民经济规划推动高质量发展的实施机制。在政府治理机制的分析中，结合我国政府治理体制，本书提出了国民经济规划实施的目标治理机制和资源约束机制；在实证检验中，本书使用省级官员数据、省级财政收支分权数据，验证了政府治理机制的有效性。在市场机制的分析中，结合我国市场化改革的制度背景，本书论证了市场机制对于有效实施国民经济规划的重要性；在实证检验中，本书使用分省份市场化指数检验了市场机制对于国民经济规划推动高质量发展的有效性。

如上所述，本书对国民经济规划推动高质量发展的作用与实施机制的研究，为充分发挥我国的制度优势、推动高质量发展建设提供了研究论证。

---

① 《中国共产党第十八届中央委员会第五次全体会议公报》，共产党员网，https://news. 12371. cn/2015/10/29/ARTI1446118588896178. shtml。

第二节　研究意义

一、理论意义

（一）推动规划理论与时俱进

国民经济规划作为我国政府参与国民经济管理的重要制度安排，是从我国社会主义市场经济建设的伟大实践中发展而来的制度创新。对此，有必要对我国规划实践进行梳理总结和理论提炼，围绕发展规划的理论源头，构建具有中国特色的规划理论体系。在此基础上，立足于我国高质量发展的时代背景，探索国民经济规划在新时代的意义和价值，推动国民经济规划理论与时俱进，从而为推动我国高质量发展提供制度创新。

（二）提炼发展理论的中国智慧

高质量发展是继经济发展、可持续发展、科学发展、五大发展理念等一系列发展理论的最新成果，是中国对经济发展方式理论的重大贡献。高质量发展是立足于我国经济社会发展的新时代，基于我国社会主要矛盾转变的现实，应对我国转变经济发展方式的新要求而提出的。它是我国转变发展方式的价值取向、原则、目标和思路的集中体现。对此，有必要提炼指导我国经济社会发展的中国智慧，深入分析高质量发展的内涵、要求和路径，推动我国高质量发展理论的系统化和成熟化，从而更有效地指导我国高质量发展建设。

（三）总结经济发展的中国经验

中国经济社会发展的实践是经济发展理论拓展的源泉。"政府之手"与"市场力量"是总结中国经济发展经验的两条线索。国民经济规划作为实现政府与市场"互融共荣"的制度创新，它的有效实施得益于中国独特的政府治理体制和高效的市场化机制。对此，有必要结合政府治理和市场机制，深度考察、总结国民经济规划实施的中国经验，形成源于中国经济社会发展实践的具有中国制度特色和制度优势的经济理论。

二、现实意义

（一）为提升规划治理能力提供改革方向

在高质量发展的时代背景下，思考如何有效实施国民经济规划以及充分发挥规划治国的制度优势是提高我国政府治理能力的现实问题。本书从如何贯彻规划发展理念、如何有效执行规划发展目标和如何逐级落实规划任务安排等方面，为提高我国规划治理能力提供了改革方向。

（二）为推动高质量发展找寻中国道路

高质量发展是适应我国社会主要矛盾转变和实现"两个一百年"奋斗目标的必然选择。国民经济规划作为中国独特的制度创新，对中国经济社会发展具有重要的意义。对此，本书从规划的发展理念、发展目标和任务安排三个方面为国民经济规划推动高质量发展找寻具体路径，从政府治理和市场机制两个方面为国民经济规划推动高质量发展找寻实施机制。通过上述研究，本书试图从国民经济规划视角为我国高质量发展建设找寻独特的中国道路。

第三节　研究内容与结构安排

本书基于市场失灵、政府失灵、发展规划等经济理论，从必要性和路径两个方面论证了国民经济规划对推动高质量发展的作用，其中必要性体现为国民经济规划能够弥补高质量发展建设的市场失灵和政府失灵，路径表现为国民经济规划的发展理念、发展目标与任务安排三个方面。本书使用省级面板数据对上述三个路径的有效性进行了实证检验，以此论证了国民经济规划对推动高质量发展的积极作用。在此基础上，本书从政府治理机制与市场机制两个维度，探寻了国民经济规划推动高质量发展的实施机制，并使用省级官员数据、财政分权数据、市场化指数等对上述国民经济规划推动高质量发展的实施机制进行了验证。本书各章节的具体内容如下：

开篇为绪论部分。首先，阐述了本书的选题背景、理论意义和现实意义；其次，介绍了全文内容、结构安排以及研究方法；最后，阐明了本书的研究创新与不足之处。

第一章为文献综述。围绕国民经济规划、高质量发展、国民经济规划与经济发展三个主题对相关文献进行了梳理和述评，在总结已有研究不足的基础上，提出了本书的研究方向。

第二章为理论机制分析。首先，界定了国民经济规划与高质量发展的相关概念，在总结概述市场失灵、政府失灵、发展规划等经济理论的基础上，论述了推动高质量发展建设存在市场失灵和政府失灵，并提出国民经济规划能够弥补高质量发展中的市场失灵和政府失灵，以此作为国民经济规划推动高质量发展必要性的论证；其次，从国民经济规划的发展理念、发展目标以及任务安排三个方面，论述了国民经济规划推动高质量发展的具体路径；最后，从政府治理与市场机制两个方面，论述了国民经济规划推动高质量发展的实施机制。

第三章用统计性实证方法分析了国民经济规划与高质量发展状况。

在第一节，首先梳理了国民经济规划的发展历史和演进规律，接下来从发展理念、发展目标和任务安排三个方面对国民经济规划进行了文本分析，最后系统论述了国民经济规划指标完成率的量化评价方法，并对各省份"十一五""十二五""十三五"规划指标的历年完成情况进行了量化评价。在第二节，首先从创新、协调、绿色、开放和共享五个方面总结了我国高质量发展水平的变动规律，接下来从五大发展理念视角构建了高质量发展评价指标体系，并采用二次加权因子分析法对 2007 ~ 2017 年各省份的高质量发展指数进行了测度与分析。

第四章用计量实证方法验证了国民经济规划对推动高质量发展的积极作用。本书分别进行了政策效应检验、规划目标有效性检验以及中介机制检验，以此验证了国民经济规划对推动高质量发展的积极意义。

第五章对国民经济规划推动高质量发展的政府治理机制进行了检验。首先，构建了集"中央政府—地方政府—企业"三方主体的理论模型，提出目标治理机制和资源约束机制的实证研究假设。在此基础上，使用各省份主政官员的晋升激励、财政约束以及官员个体特征等微观数据，实证检验了政府治理机制对国民经济规划推动高质量发展的影响。

第六章对国民经济规划推动高质量发展的市场机制进行了检验。以中国分省份市场化指数①为变量实证检验了市场机制对国民经济规划推动高质量发展的影响。

第七章为结论与对策建议。在总结全书结论的基础上，从发挥国民经济规划的制度优势、推动政府治理体制改革以及进一步深化市场化改革三个方面，提出了对策建议，以期更充分地发挥国民经济规划的制度优势，推动我国高质量发展建设。

本书的研究框架和技术路线如图 0 - 1 所示。

---

① 本书所指的中国分省份市场化指数来自于王小鲁等人发布的《中国分省份市场化指数报告 (2011)》《中国分省份市场化指数报告 (2016)》。

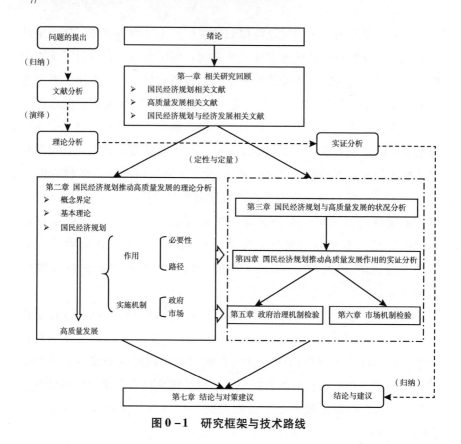

图 0 - 1　研究框架与技术路线

第四节　研究方法

第一，规范分析方法。本书以市场失灵、政府失灵、发展规划理论为基础，论证了国民经济规划对推动我国高质量发展建设的必要性。本书借鉴新政治经济学与公共选择学派对官员"理性人"的假设，在国民经济规划实施机制的分析中，引入了官员行为选择的微观基础，分析了政府治理对于国民经济规划施政效果的影响。除此之外，本书还从公共政策实施的角度出发，分析了市场的监督机制和效率机制对于国民经济规划施政效果的影响。

第二，统计分析方法。本书在查阅政府工作报告、统计年鉴等资料的基础上，量化评价了各省份规划指标完成情况。与此同时，本书从五大发展理念视角出发，使用描述性统计分析方法，总结了 2000 年以来我国高质量发展水平的变动规律。在此基础上，本书构建了高质量发展评价指标体系，采用二次加权因子模型对 2007～2017 年各省份高质量发展指数进行了实证测度。

第三，文献分析方法。本书通过查找中国知网、万方等数据库，获取了相关文献资料，对相关文献进行了仔细阅读、系统梳理和概括总结。通过对相关文献的学习，掌握了已有研究成果，为本书奠定了重要的研究基础。

第四，文本分析方法。本书采用文本分析方法，总结了规划的发展理念、发展目标与任务安排的制定情况；与此同时，通过对各省份五年规划的文本分析，提取规划设置的具体目标值，以此作为规划指标完成情况的判断依据。

第五，计量分析方法。本书使用 Stata 14.0 软件，实证检验了国民经济规划推动高质量发展的路径有效性并验证了政府治理机制和市场机制对国民经济规划有效实施的重要意义。

本书综合运用上述研究方法，确保论证分析的全面、深入与系统、客观，使结论更具有科学性、建议更具有合理性。

第五节　研究创新与不足

一、研究创新

区别于已有研究的视角和内容，本研究在理论分析和实证分析中开展了以下创新性工作。

（一）理论分析中的创新性

第一，为国民经济规划理论找寻了西方经济理论联系。本书结合外部性、市场失灵、政府失灵理论与国民经济规划理论，论证了国民经济规划对推动高质量发展的必要性。

第二，为国民经济规划理论与时俱进提供了有益拓展。当前，我国经济社会发展进入了新时代，正在由高速度增长向高质量发展转型。相应地，发源于中国经济社会发展实践的国民经济规划理论也应与时俱进，对国民经济规划施政效果的研究也应从关注经济高速度增长向关注高质量发展转变。因此，本书对国民经济规划推动高质量发展的作用与实施机制的研究，是对国民经济规划理论的有益拓展。

第三，为国民经济宏观管理找寻官员微观选择的理论支撑。本书将国民经济规划理论与新政治经济学和公共选择学派的官员行为选择理论进行了内生嵌套，构建了具有官员行为微观基础的宏观管理模型。本书第六章的理论模型将政府官员视为理性的"政治经济人"，对政府官员的行为选择赋予了激励和约束，从而为国民经济规划的政府治理机制找到了有效的理论支撑。

（二）实证分析中的创新性

第一，本书系统地论述了规划指标完成率的评价方法，在对各省份"十一五""十二五""十三五"规划进行文本分析的基础上，通过计算历年各项指标的实际完成值和应该完成值，共对8432项具体指标进行了是否如期完成的比较，以此得到"十一五""十二五""十三五"时期各省份历年规划指标的完成率。值得说明的是，该指标的构建工作量庞大，具有较强的原创价值。具体来看，本书首要要对30个省份（除西藏外）的三个五年规划进行文本分析，提取规划指标的目标值；其次，需要查阅各省份历年的统计年鉴，搜集与指标完成情况相关的数据；除此之外，还需要从各省份政府网站下载历年政府工作报告、统计公报等，进一步查找散见其中的数据资料，以补充各省份指标完成情况数据。本书的上述原创性工作为学界进一步开展国民经济规划的量化研究提供了重要且必要的研究基础。

第二，本书基于对高质量发展内涵的理解，从五大发展理念视角构建了高质量发展评价指标体系，并对各省份高质量发展水平进行了测度与比较分析。这是对构建高质量发展评价指标体系的一次探索性尝试，也是对五大发展理念从定性分析到定量分析的一次转变。

第三，在计量分析中，本书首次从规划的发展理念、发展目标与任务安排三个方面实证检验了国民经济规划对推动高质量发展的作用。除此之外，本书首次将省级官员数据和市场化水平数据应用于国民经济规划实施机制的检验，从而在经验上论证了政府治理机制和市场化机制对于有效实施国民经济规划、推动我国高质量发展建设的重要意义。

二、研究不足

首先，由于数据可得性限制，本书仅以 2007～2017 年为计量分析的样本期，故对"十三五"规划施政效果的检验仍不充分。在未来的研究中，可进一步拓展样本期，全面检验"十三五"期间本书结论的稳健性。

其次，本书对任务安排路径有效性的检验，仅以高质量发展财政支出的中介机制作为论证依据。虽然，政府财政支出是引导、推动国民经济规划任务安排实施的财政保障。但不可否认的是，除了财政支出外，政府的产业政策、税收政策等也是政府推动规划任务安排的重要措施。但由于对其量化研究仍有较大难度，且进一步展开研究对于本书核心内容的论证并无较大助益，遂仅对高质量发展财政支出进行了中介机制检验。对此，笔者寄希望于后续研究能够对此部分内容展开进一步的探讨。

第一章

相关研究回顾

第一节　国民经济规划相关文献

一、国民经济规划的内涵

在我国，国民经济规划①是指由国家编制的，面向未来目标而制定的关系经济社会总体情况的发展规划，也称为国民经济和社会发展规划。它是由 1953 年我国制定和实施的"一五"计划发展而来（林木西等，2018）。60 多年的规划发展史见证了中国经济改革发展的历程。与此同时，为适应经济体制改革和社会发展的需要，规划管理制度也在进行适应性调整。如今，国民经济规划已经发展为既有别于"计划"又

---

① 特别说明，本书对规划相关的文献梳理，既包括国民经济规划，也包括国民经济计划的相关文献。笔者并未做严格区分的原因如下：其一是我国的国民经济规划始源于 1953 年起实施的国民经济计划，出于对历史继承性和关联性考虑，大多数学者对国民经济规划的研究不可避免地涉及对国民经济计划的比较与考察；其二是在国民经济规划实施初始阶段，部分学者并未特别强调"规划"与"计划"在语义上的区别，在研究表述时常将两者混同使用，对此类文章在综述时难以对其分类。

区别于"市场"的混合型治理制度安排，是我国特有的制度优势。

国民经济规划作为重要的制度安排，国内外学者从不同的视角对其内涵进行了探讨。

从规划的内容视角看，杨伟民（2004）将国民经济规划定义为政府从时间和空间两个维度对经济社会发展制定的战略布局。成思危（2004）认为制定远期目标和实现目标的措施是计划的主要内容。武力（2010）依据五年规划文本内容，将五年规划视为党和政府对我国经济社会发展制定的发展战略、发展目标和发展对策。

从规划的功能视角看，于光远（1984）把规划视为政府进行资源配置的手段，反映了政府对于未来发展目标的预期，具有目标导向性。岳修虎（2002）将国民经济规划视为政府为实现中长期发展目标而制定的涉及全社会的一套系统的行动方案。也有学者从政府公共管理职能的角度出发，将国民经济规划视为政府的代表性公共政策，夏书章（2006）从公共政策角度解读了五年规划的可行性和适用性。其后，部分学者对国民经济规划的功能提出了更全面的理解，如鄢一龙（2015）将国民经济规划视为集优化资源配置、平抑经济波动、实现空间管控、信息引导等功能于一体的公共政策。

2006年"十一五"规划的实施是我国"计划"转向"规划"的重要标志。有学者从"计划"与"规划"对比的视角，对国民经济规划的内涵给出了更深刻的理解。姜佳莹等（2017）认为国民经济计划与国民经济规划的区别主要体现在规划的内容、管理方式以及与市场的关系。他指出国民经济规划的指标内容更注重公共服务领域，管理方式是宏观调控管理，与市场的关系则体现为政府和市场的相互补充、相互促进。韩博天等（2013）将2006年我国实施的"十一五"规划称为新型发展规划。他认为"新"体现在规划指标体系和规划管理方式的转变。同时，他也指出规划在战略协调、资源配置、干部考核等方面仍保留了"计划"的属性。胡鞍钢等（2010）也将"十一五"规划的实施作为中国进入发展战略规划期的重要标志，体现了我国国民经济管理方式的重大转变。

虽然多数西方国家主张自由的市场经济，但在国家发展建设中，规划也被广泛运用于政府对经济社会的发展治理。规划作为一个概括性的概念，是指为了选择最佳方案以达到特定目标的一种有组织、有意识的努力（Waterston，1965）。因此，国外学者从规划的必要性和功能视角探讨了规划的内涵。弗里德曼（Friedmann，1987）认为公共领域的规划能够引导社会资源配置，从而实现未来发展目标。莫罕和阿格瓦尔（Mohan & Aggarwal，1990）通过对印度五年计划的研究，认为国民经济计划能够预防经济波动，有助于保持宏观经济的平稳运行。阿尔基布吉（Archibugi，1996）也认为经济社会发展规划能够通过实施积极的政策干预，从而提高国家竞争力。1997 年世界银行的发展报告论述了市场经济中计划干预的必要性，尤其是在减贫、教育、公共卫生等市场失灵领域更需要计划干预。托达罗和史密斯（Todaro & Smith，2006）认为国民经济规划保持了"计划"的政府属性，能够协调发展战略、主导资源调动以及实施宏观调控。

综上可知，随着规划实践的积累，学界对国民经济规划内涵的认识不断深入、对国民经济规划功能的解读不断丰富。这为进一步开展国民经济规划研究提供了必要的理论基础。

二、国民经济规划的发展理念

发展理念是国民经济规划的总方向和总原则（林木西等，2018），高度凝结了国家的发展路线，集中体现了国家的发展战略（范鹏，2015）。

部分学者基于对我国历次五年计划与五年规划的文本解读，总结与梳理了我国国民经济规划发展理念的阶段特征与演变规律。武力（2005）认为规划发展理念的转变体现了党和政府发展观的演进。管汉晖等（2011）从发展观的视角总结了我国"一五"计划到"十二五"规划发展理念的演进规律。他将我国"一五"计划至"四五"计划的发展理念概括为一元发展观；20 世纪 70 年代后，五年计划的发展理念逐步转向二元发展观；20 世纪 90 年代之后，尤其是 21 世纪初期以来，五年计划和五年规划体现了以人为本的发展观。

纵观我国规划发展理念的演变规律，部分学者做出了如下评价：武力（2005）认为我国规划发展理念的演进充分体现了党和政府发展观的与时俱进。汪海波（2006）认为五年计划和五年规划的区别，主要是体现在党和政府发展观的转变。王亚华等（2007）指出国民经济规划的指导方针和发展理念很大程度上体现了党和国家领导人治国理政的思路与理念，同时它又受制于规划期内国际、国内形势。曹普（2010）认为国民经济规划的发展理念是经济体制、社会制度和发展方式的综合体现。他通过总结新中国成立以来的十个五年计划和两个五年规划发展理念的演变规律，论证了党和政府治国理政思想的科学化、成熟化。李祥兴（2011）则着重分析了改革开放以来的六个五年计划和三个五年规划中发展理念的转变规律，认为发展理念的转变能够充分反映党和政府对于如何发展、怎样发展认识的不断深化，同时也体现了我国转变经济发展方式的阶段成果。

综上可知，学者对规划发展理念的研究视角不完全相同，但对于规划发展理念与发展观的一致性达成了共识，也普遍肯定了党和政府对发展规律认识的日益成熟。然而，学界对"十三五"规划发展理念的解读较为匮乏，有待展开进一步的研究。

三、国民经济规划的发展目标

在发展理念和发展观的引领下，国民经济规划对于经济和社会发展各领域提出了具体的目标和要求。丘奇曼（Churchman，1972）认为规划具有未来预期导向性，而国民经济规划的预期导向性功能是通过设置主要目标和量化指标实现的。

学术界对于国民经济规划的目标已经展开了大量的研究。研究方法可归为两大类：其一为使用定性分析的方法，论证国民经济规划目标的作用与功能；其二为以统计性实证方法，评价规划目标制定与完成情况。

以定性分析方法论证国民经济规划目标的作用与功能的代表性研究有以下一些：张今声等（2005）提出国民经济规划的目标导向性功能是指基于对未来经济社会发展的预期，明确发展目标，凝聚发展力量，减少发展的盲目性和风险，增强国民经济发展的适应性。林木西等（2018）在其《国民经济学》一书中指出，国民经济规划的主要目标具有明确发展方向的功能，规划的量化指标具有目标分解功能。除此之外，也有学者结合政府治理理论，研究国民经济规划目标的作用与功能。韩博天等（2013）论证了"十一五"规划以来，约束性指标制度将发展规划目标与干部考核标准结合，加强了中央政府对地方政府的管理。鄢一龙（2013）在我国政府的目标责任制基础上，结合国民经济规划目标的制定与实施，提出了目标治理的概念。吕捷等（2018）进一步论证了发挥规划的目标引导功能和目标分解功能是实现目标治理机制的基础。

另一类研究是以统计性实证方法考察规划目标的设置与完成情况。考察规划目标设置情况的代表性研究有以下一些：胡鞍钢（2013）总结了我国"六五"计划到"十二五"规划目标的设置规律。他发现随着中国经济改革的推进，规划中与经济增长相关的指标比例不断下降，而非经济类指标如资源环境、教育科技、人民生活等指标比例不断提高。尤其是从"十一五"规划开始，规划指标体系不断扩大，已经发展为涵盖经济、民生、科技等多领域的综合目标体系（姜佳莹等，2017），发展目标的多元化是我国从"计划"转向"规划"的重要转变之一。从国际比较来看，姚雪斐（2014）对比研究了中国和印度五年规划目标的设置情况，他指出中印两国五年规划目标都是涉及多主体、多层次、多类型的目标体系，能够体现两个国家发展战略的变化。但同时，他也指出印度五年规划是以经济增长类目标为主，而中国五年规划是以科技教育、人民生活、资源环境类指标为主。

国民经济规划目标体系设置的多元化能够体现我国转变发展方式的国家战略，而规划目标的实现程度则体现了国家发展水平（姜佳莹等，

2017)。胡鞍钢（2016）指出，从"一五"计划到"十二五"规划，规划目标完成度不断提高，体现了国家治理能力的增强。虽然，我国规划目标的完成率不断提高。但也有学者的研究表明，规划目标在实际执行中仍然存在困境。比如，姜佳莹等（2017）通过开展实地调研，总结了地方政府执行五年规划时存在选择性执行、消极执行、执行中断等异化行为，影响了规划目标的实现。姚雪斐（2014）的研究也表明了目标执行主体和执行环境是造成规划目标完成情况存在差异的重要原因。

从规划目标完成情况的评估方法来看，早期的研究多集中于对规划中某一个单一指标完成度的简单计算（张同乐等，1997；刘国光等，2006）。政府对规划实施情况的官方评估是始于"十一五"规划（姚雪斐，2014）。此后，学界也开始考察规划目标的实施情况，如王亚华等（2009）率先开展了对全部五年计划（规划）完成情况的评估。鄢一龙等（2012）从目标完成率、偏离度和发展情况三个方面构建了评估体系，对我国"一五"计划至"十一五"规划的绩效进行了评价。胡鞍钢（2016）应用目标一致法对国民经济规划目标的完成情况进行了量化评价。他的量化评价结果表明，我国"十五"计划的目标完成率为64.3%，"十一五"规划的完成率达到86.4%，"十二五"规划的目标完成率进一步提高到96%，仅有研发投入指标未达到预期目标。唐啸等（2018）构建了中国各省份五年规划的全样本数据库，首次对2001～2015年省级五年规划指标设置的类型、数量和完成情况进行了经验性的实证分析。该文章构建的指标完成率计算方法对于后续量化评估规划指标完成情况具有重要的借鉴价值。

综上可知，国民经济规划目标是在规划发展理念的引领下，对于未来发展提出的预期和要求。规划目标是国民经济规划有效引导社会资源配置与实现政府公共事务治理的主要抓手。因此，规划目标的设置体现了国家的发展预期和方向，规划目标的完成情况体现了国家发展水平。对于规划目标完成情况的量化评价，是进一步深入考察国民经济规划施政效果的研究基础。虽然，近些年来已有学者关注此领域并不断拓展规划指标完成情况的评价方法，但仍处于初期探索阶段，且已有评价方法并未获得较为广泛的应用，尤其是缺少以省级规划完成情况为评价对象的量化分析。这是进一步开展国民经济规划实证研究的主要制约之一。

四、国民经济规划的任务安排

国民经济规划通过布置主要任务、开展专项行动、实施重大工程等方式为规划目标的实现提供了具体的措施（姜佳莹等，2017）。对此，部分学者对国民经济规划中的具体任务、重大工程项目进行了文本解读。比如，李云生等（2007）对国家"十一五"规划纲要中环境保护相关的重点任务进行了研究。他认为我国"十一五"规划的重点任务延续了"十五"时期的工作重点，紧扣节能减排的规划目标并对生态、农村、海洋、核与辐射四个重点领域提出了具体的任务安排。杨伟民（2011）提出只有落实好"十二五"时期的重点任务，才能够加快转变我国经济发展方式、实现全面小康总目标以及成功跨越中等收入陷阱。徐宪平（2015）在其《中国经济的转型升级——从"十二五"看"十三五"》一书中，对"十三五"规划以及各专项规划中创新、城镇化、区域协调发展等领域的重点任务安排进行了阐释。胡鞍钢等（2015）在《中国："十三五"大战略》一书中，从经济发展、社会发展、生态文明建设、文化发展四个篇章对"十三五"规划的主要措施进行了阐释。

实际上，我国国民经济规划的重点任务安排是通过各级各类专项规划得到细化和具体落实的。韩博天等（2013）对"十一五"规划的节能减排任务进行了案例分析。他指出国家"十一五"规划只是对节能减排提出了目标以及十项重大节能项目，但是并未提出具体的实施方案。在实际执行中，中央进一步明确各省（区、市）的减排目标，各省（区、市）政府将分配的减排目标逐级分解，将具体任务逐级分配，由此逐级制定专项规划和实施方案。因此，学术界对于规划任务安排的研究更多着眼于对专项领域规划中重点任务的解读。比如，王金南等（2012）对国家环境保护"十二五"专项规划进行了文本分析，梳理总结了改善质量、防范风险、公共服务等领域的 15 个重点任务。王永亮等（2016）考察了民航发展"十三五"规划中重点任务的完成情况，他的研究表明民航发展"十三五"规划实施情况总体良好，14 项指标总体符合预期，97% 的重点任务如期完成。

综上可知，国民经济规划的任务安排是实现国民经济规划目标的具体抓手。在实际执行中，各级政府通过逐级发包、逐级分解的方式，完成各项任务安排。已有研究对此自上而下的任务落实机制展开了丰富的论述。然而，从研究方法上看，大部分的研究为对具体任务安排的文本解读以及案例分析，并未有学者进行系统的量化研究。这为进一步研究国民经济规划的任务安排提供了可能的研究方向。

第二节　高质量发展相关文献

一、高质量发展的内涵

纵观发展理论的演进脉络，最初对发展概念的理解被等同于增长的概念且局限于经济增长领域。人们将经济总量和人均收入的增加视为经济发展的目标。但随着经济总量水平的提高，单纯追求经济增长并没有解决经济结构失衡、贫富差距分化、环境污染与资源破坏等问题。人们开始思考经济总量之外的结构问题。

由此开始，人们从数量到结构，从经济领域向多领域，逐步拓展发展的内涵。20 世纪 80 年代，托达罗率先指出发展不应该局限在经济领域，还应该包括社会制度与管理结构的变化，是一个包含整个社会转变的多方面过程。1987 年联合国发布了名为《我们共同的未来》的发展报告，该报告首次提出了可持续发展的概念。可持续发展不仅强调将人类社会的发展与环境系统相联系，更强调了两者间的互动性和协调性对于维护代际间发展公平的重要意义。森（Sen，1997）提出发展的根本目的是改善人的生活，最终目的是实现全体人类的自由，而经济发展只是实现终极发展目标的基础。凯恩克罗斯（Cairncross，2000）认为经济增长和生态环境保护间具有权衡取舍的关系。他认为考虑生态效益的经济增长是追求以最小的生态成本取得最大的经济增长。2002年，联合国环境署（UNEP）最先提出了绿色发展的概念，并强调了环境保护与经济增长之间具有统一性。2008年，联合国环境署提出通过调整产业结构、能源结构能够实现经济增长与环境保护兼顾的绿色发展。

综上可知，发展的内涵经历了从经济数量增长到总量与结构协调、社会全面发展、考虑代际的可持续发展等几个阶段。随着中国经济总量规模的扩大与社会发展矛盾的加剧，国内经济学者探讨的议题从促进经济增长的生产要素投入理论、要素组合规律、投入产出绩效等逐步转向经济发展理论，从全面发展理论、协调发展理论、可持续发展理论再到高质量发展理论，已经形成了体现中国经济社会发展实践的发展理论之树。党的十九大报告首次提出了高质量发展的概念①。高质量发展是中国对发展内涵和发展方式理论的最新拓展，这引发了国内学者对高质量发展概念解读与评价的热烈讨论。

中国经济社会发展的丰富实践，拓展了学者对高质量发展内涵理解的视角。金碚（2018）从"高质量"的经济学性质出发，阐释了从高速增长转向高质量发展的理论含义，并突出强调了高质量发展的多维特性。田秋生（2018）认为高质量发展理论是在新时代社会主要矛盾转变的背景下提出的，与传统的发展理论强调投入产出的生产效率不同，高质量发展是更强调质量、效益的科学发展。何立峰（2018）认为高质量发展不再仅关注经济增速，而是更加关注民生发展、环境保护、资

---

① 《决胜全面建成小康社会夺取新时代中国特色社会主义的伟大胜利》，中国网，http：//www.china.com.cn/19da/2017－10/27/content41805113.htm。

源利用以及民主法治建设。任保平（2018）从高质量的对外开放、高质量的城镇化、高质量的生态保护、高质量的民生保障等角度解读了高质量发展内涵。与此同时，他进一步指出五大发展理念是实现高质量发展的具体路径，并对每一个路径进行了具体阐释。孟祥兰等（2019）认为高质量发展是在经济总量达到一定规模基础上提出的发展理论，它是更关注经济结构、发展动能、社会协调、人民生活水平的发展方式，并提出五大发展理念是高质量发展的指导思想和具体路径。

　　构建科学合理的高质量发展评价指标体系，对指导我国推动高质量发展建设具有重要意义（徐莹，2018）。然而，现阶段对高质量发展评价指标体系的构建仍处于初期探索阶段。因此，对于经济发展质量评价的相关研究成为重要的借鉴基础。在此领域的代表性研究有以下一些：徐慧瑞（2018）从经济增长、环境保护、社会民生等方面构建了经济发展质量指标体系并进行了实证评价，评价结果表明我国经济发展质量整体呈现小幅波动的上升态势。魏敏等（2018）从经济动力、经济结构、对外开放、生态环境等方面探讨了经济增长质量提升的具体路径，并以此为基础构建了评价指标体系。现有文献中，明确提出构建高质量发展评价指标体系的研究不多。其中，殷醒民（2018）从生产效率、人力资本、金融体系与市场机制等维度构建了高质量发展指标体系。除此之外，也有学者结合区域发展实际，构建与评价了区域高质量发展水平。比如，蒋宁（2018）构建了衡量天津滨海新区高质量发展水平的指标体系，他的研究表明天津滨海新区的高质量发展建设成效显著。

　　综上可知，目前对高质量发展内涵的探讨已经引起了学界的广泛关注。由于高质量发展内涵的多维属性，学者对其内涵理解不完全一致，但普遍肯定了高质量发展概念是对中国发展理论的继承性拓展。基于对高质量发展内涵不同视角的解读，高质量发展水平的评价体系和评价标准尚不一致，仍需进行系统研究，以构建内涵与标准具有逻辑一致性的评价指标体系。

二、政府行为与转变经济发展方式

在我国，地方政府对于推动经济发展建设的影响不可忽视。国内外学者从不同的视角对地方政府如何推动我国经济高速增长进行了大量的理论和实证研究（周黎安，2007；张五常，2009；鄢一龙，2013）。在我国由高速增长向高质量发展转型的背景下，学者开始关注到地方政府对于推动我国经济发展方式转换的影响，然而研究结论并不完全一致。一部分学者认为政府能够推动经济发展方式转换且在经济发展方式转换中具有核心推动地位（肖文涛等，2010），主张政府在经济发展转型期要健全宏观调控体系，实施积极有效的干预政策（张诗允，2010），尤其是应全面构建风险化解机制，积极应对转型期的挑战。但也有部分学者的研究揭示了地方政府行为趋向和转变经济发展方式间具有矛盾性。对此，要进一步深化政府治理体制改革，才能够充分发挥地方政府推动经济发展方式转变的积极作用（吴昊等，2010）。刘震（2011）的研究一方面肯定了在经济发展方式转变中政府的特殊使命和责任，同时也强调了全面推进政府治理体制改革与政府管理方式创新的必要性和重要性。刘金科（2012）总结了国外的经验，对转变发展方式过程中我国政府治理体制改革的目标、原则和关键任务提出了具体的对策建议。

在我国，高质量发展的本质就是转变发展方式，即实现从高速增长方式向高质量发展方式转换。对于如何实现向高质量发展方式转型，部分学者的研究强调了政府的重要性。代表性研究如下：田秋生（2018）提出推动我国经济向高质量发展转型，必须从体制机制和政策环境入手，构建与之相适应的政策体系，建立质量效益导向的考核评估机制，完善市场化资源配置机制以及建立更加有效的宏观调控机制。钞小静等（2018）认为我国在发展动力、发展结构与发展效率三个层面上对经济发展质量的提升仍有约束，政府需要大力培育创新动能、着力改善结构失衡与提升发展效率，以推动我国经济高质量发展。金碚（2018）指出向高质量发展转型，不仅仅是转变经济增长方式，而是要基于新发展理念推动整个体制机制转换。冯俏彬（2018）认为政府要转变职能、优化市场环境、释放市场活力、优化宏观调控手段，从而推动高质量发展建设。他尤其强调了作为地方政府治理基础的财政能力的重要性，提出要构建财权与事权相匹配的财政体制，以为各级政府推动高质量发展建设提供财力支撑。

综上可知，从政府视角研究我国经济增长、经济发展以及转换经济发展方式等问题，已经形成了最具有中国特色的研究框架。在我国向高质量发展转型的背景下，需要进一步深入探讨政府职能定位、宏观管理方式和治理体制改革等。这对于推动高质量发展建设具有极强的现实意义和理论价值。

第三节 国民经济规划与经济发展相关文献

国民经济规划是我国国民经济宏观政策体系中的核心政策依据，是最具有中国特色的制度安排，区别于一般的宏观调控政策（杨伟民，2009），在某种程度上具有比法律更重要的作用（王磊等，2006）。从1953 年的"一五"计划至今，60 余年的规划史见证了中国经济改革发展的历程与取得的成就。

一、国民经济规划对推动经济发展的作用

大多数学者对于国民经济规划在中国经济发展建设中的积极作用持肯定态度（王磊等，2006；胡鞍钢等，2011），且从不同的视角对国民经济规划推动经济发展的必要性给出了解释。

一部分学者是从市场失灵的视角出发，论证了国民经济规划对经济建设的必要性。张勇等（2009）认为国民经济规划能够引导社会资源配置，弥补市场机制在教育、科技、社会民生领域的供给失灵；除

此之外，国民经济规划能够为市场主体提供相对稳定的预期，有助于市场主体理性化决策，减缓不确定性和主体盲目性引发的市场失灵（刘瑞，2008）。武力（2010）也强调，随着我国社会主义市场经济的发展，市场失灵问题亟需国民经济规划这只"看得见的手"予以解决。

　　另一部分学者是从政府失灵的角度对国民经济规划的必要性展开论证。周叔莲等（1993）强调了规划的制定和实施过程对于政府具有约束力，能够抑制并纠正政府追求自身偏好的动机和行为，是约束政府行为的法治化手段。

　　也有学者结合市场失灵和政府失灵两个维度，论述了国民经济规划对推动经济发展建设的必要性。杨伟民（2009）的研究论证了国民经济规划不仅消除了政府计划失灵的可能，也弥补了市场失灵的风险，因此能够促进经济发展。胡鞍钢等（2011）高度肯定了国民经济规划作为最具有中国特色的制度安排，能够通过减少市场失灵和政府失灵，促进我国经济增长与推动我国发展方式转型。

　　除了经济建设领域外，部分学者研究了国民经济规划对于公共服务和社会事业发展的影响。胡鞍钢等（2013）肯定了"十一五"规划以来国民经济规划对提供公共服务和转变发展方式的重要作用。胡鞍钢（2016）进一步强调了国民经济规划的编制要重点布局社会事业发展，降低经济类指标数量，提高社会发展类指标的重要性。武力（2010）也主张国民经济规划的编制要着重解决经济与社会的关系问题，比如城乡、区域协调发展问题。

　　综上可知，随着国民经济规划理论和实践的发展，学者们对于国民经济规划能够弥补市场缺陷的观点已经达成了共识，也有学者论述了规划对于规范政府行为的重要作用。但已有研究多为在经济增长框架下的分析，少有研究涉及国民经济规划在转换发展方式中的作用，更缺少对于国民经济规划推动高质量发展必要性的分析。

二、国民经济规划推动经济发展的实施机制

（一）国民经济规划推动经济发展的政府治理机制

国民经济规划的实施是规划目标达成的现实化过程。在我国，各级地方政府是国民经济规划的实际执行人。在实际执行中，各级地方政府将规划目标逐级分解、规划任务逐级发包，通过形成各级地方政府的目标责任，确保国民经济规划目标实现。

激励各级地方政府官员积极落实规划发展任务、实现规划目标是国民经济规划政府治理机制的逻辑基础。基于对政府治理体制中晋升激励、竞争压力等的现实考察，鄢一龙（2013）将中国独特而有效的公共事务治理方式概括为目标治理机制。它是指政府通过制定发展规划目标，引导政府及社会各界的资源配置，从而推动政府目标实现的过程。夏能礼（2014）在此基础上提出了府际目标治理的概念，即各级政府通过设置目标，明确政府的工作导向，引导社会各界资源配置，从而实现目标的过程。在府际目标治理机制中，各级政府目标与官员干部考核绩效两者相互绞合，使各级政府制定目标与实现目标成为政府推进工作的重要抓手。

综上可知，此领域的最新研究已将国民经济规划的实施过程视为地方政府官员的"理性"选择，将助推中国经济发展不可忽视的官员晋升激励融入国民经济规划的实施理论中。这既为宏观的规划实施过程赋予了微观基础，又深刻地揭示了中国经济发展的现实。然而，上述研究仍处于起步阶段，一方面缺少相应的实证分析作为支撑，另一方面忽视了我国政府治理中财政分权体制对于官员实施规划行为的影响。上述两方面的进一步研究将是对国民经济规划实施中政府行为理论的有益拓展。

（二）国民经济规划推动经济发展的市场机制

从另一个角度看，国民经济规划的实施过程本质上是资源配置过

程。从国民经济计划向国民经济规划的转变，主要体现在资源配置方式的转变。因此，规划实施中反映的政府与市场关系问题得到了学者的广泛关注。赵华（2013）在其博士论文中梳理了我国五年计划和五年规划实施中政府与市场关系的演变历程，并指出了"十一五"规划以来，政府不再直接参与资源配置，市场机制的基础性作用不断凸显。胡鞍钢等（2010）从政府与市场分工的角度论证了在国民经济规划的实施中，政府和市场两者缺一不可。成思危（2004）认为弥补市场缺陷是规划和计划的主要目的之一，但是计划和规划的实施仍要依靠市场力量。韩慈（2006）认为国民经济规划的实施要处理好政府和市场的关系，要充分发挥市场对资源配置的基础性作用。武力（2009）通过总结我国五年计划的实施经验，强调了必须同时发挥计划和市场合力，才能有效推动经济发展。刘晓伟等（2017）在总结"十一五""十二五"规划实施经验的基础上，提出充分发挥市场资源配置方式是国民经济规划成功实施的关键。

关于规划实施中如何有效发挥市场力量，代表性学者的研究如下：杨伟民（2004）根据对历次国民经济计划实施经验的总结，指出政府计划存在过度、过细干预的情况。他主张政府应该明晰职能定位，减少不必要的、不科学的政府干预。胡鞍钢等（2010）也认为，政府不能越位、缺位，更不能代替市场。因此，国民经济规划的制定领域必须重点突出公共服务供给，而不是直接干预私人领域的经济活动。张可云等（2004）强调要通过法律保障和社会公众参与，提高规划的实施效能。史际春（2012）和徐孟洲（2012）提议应尽快出台《发展规划法》，避免政府制定和执行规划的随意性，提高发展规划的权威性。

综上可知，随着国民经济规划的转型和市场化改革的深入，市场机制在国民经济规划实施中的重要性不断凸显。然而，从研究方法上看，已有研究缺少实证检验支撑；从研究内容上看，现有研究缺少对于市场机制如何影响国民经济规划实施的具体机制的解析。

第四节　相关研究述评

综上所述，国内外学者关于国民经济规划、高质量发展、国民经济规划与经济发展的相关研究已经积累了丰硕的成果，这是本书重要的研究基础。通过对上述文献的梳理，笔者发现无论是从研究内容还是研究方法上看，现有研究仍然存在一定的不足。这为本书进一步的研究提供了潜在空间，具体如下：

其一，已有关于国民经济规划的研究，无论是对规划的文本解读、实施经验总结、实施绩效评估还是实施机制分析都是基于经济增长目标展开的。在新时代背景下，我国经济正在由高速增长向高质量发展转型。国民经济规划的理论和实践需要在高质量发展背景下与时俱进，对国民经济规划施政效果的研究也要从关注经济高速增长转向关注高质量发展。然而，目前并未有学者对国民经济规划推动高质量发展的作用与实施机制给出系统、深入的分析。

其二，已有对于国民经济规划的研究，多采用规范性研究方法分析规划发展理念的演变规律、主要目标的设置情况等。对国民经济规划的实施绩效进行量化评价的较少，提出系统性评价方法的研究更寥寥可数。这是对国民经济规划施政效果进行量化研究的主要制约之一。

其三，现阶段，学术界对于高质量发展的研究，多为对其内涵的解读，量化评价研究仍处于初期起步阶段。在高质量发展转型的背景下，亟需进一步深入探讨高质量发展的内涵，以构建与内涵具有一致性的高质量发展水平评价指标体系。

其四，在现有关于国民经济规划实施机制的研究中，虽然有学者已经关注到了政府行为和市场力量的影响，但理论分析仍需进一步深入，而实证研究更是没有学者涉及。高质量发展的时代需求，号召学者深耕中国经济发展实践，提炼具有中国特色的理论体系并以系统的实证分析给予经验支撑。

第二章

国民经济规划推动高质量
发展的理论分析

第一节 概念界定

一、国民经济规划

(一) 国民经济规划的制度背景

我国的国民经济规划起源于 1953 年开始实施的"一五"计划。五年计划是对全国重大项目、生产力布局以及国民经济各组成部分、各部门的供求关系统一编制的计划指令性安排。国民经济计划盛行于 20 世纪中期以苏联为代表的社会主义国家,其中最具代表性的五年计划是政府对国民经济进行计划管理的主要工具。随着苏联解体、东欧剧变,大部分社会主义国家放弃了五年计划,而以中国为代表的少数国家并没有完全放弃五年计划,而是在经济体制改革的背景下,探索五年计划的不断转型与调整(于建荣,2006)。1982 年,国民经济计划更名为国民经济和社会发展计划,计划的内容不再限于经济领域,也包括科技发展等社会发展领域①。2006 年，我国开始执行首个国民经济和社会发展五年规划②。"十一五"规划是中国进入发展战略规划期的重要标志（胡鞍钢等，2010）。相比于五年计划，五年规划的主要转变表现在：从规划指标结构来看，五年计划以经济建设类指标为主，而五年规划更强调公共服务类指标；从"政府之手"的方式上看，五年计划是以微观行政指令为主，五年规划则以政府的宏观总量调控为主；从实施机制上看，五年计划近乎排斥市场机制，而五年规划的定位是市场友好型、市场补充型与市场引导型（胡鞍钢，2013）。如今，五年规划已经成为我国政府实施宏观调控的基础手段之一。以五年规划为代表的国民经济规划是中国独特的制度创新，是解释中国经济发展成就不可忽视的制度因素，也是推动中国未来改革发展的制度优势。

如今，我国已进入"十四五"规划时期。60 多年的国民经济规划管理制度贯穿于我国社会主义建设的全过程，已经成为我国社会主义现代化建设过程中极为成功的经验。

（二）国民经济规划的内涵界定

国民经济规划是对经济社会发展提出的具有战略导向性的中长期行动方案，是我国政府参与国民经济建设的重要制度安排（胡鞍钢等，2011）。国民经济规划具有目标分解、具体协调、资源配置与重点导向功能（张今声等，2005；林木西等，2018）。

广义地看，国民经济规划是指"三级三类"的国民经济规划体系。按行政层级的不同，国民经济规划可分为国家级规划、省（自治区、直辖市）级规划、市（设区的市、自治州）县（不设区的市、自治县）级规划。按照规划对象的不同，国民经济规划可分为总体规划、专项规划和区域规划（张今声等，2005）。

---

① 林木西、黄泰岩等：《国民经济学》（第三版），经济科学出版社 2018 年版，第 267 ~ 268 页。

② 2006 年 3 月 14 日，十届全国人大四次会议表决通过了《关于国民经济和社会发展第十一个五年规划纲要的决议》。

　　狭义地看，国民经济规划是指规划体系中的国民经济和社会发展五年规划。从规划管理实践可知，五年规划是我国国民经济规划体系中实施时间最长、最为重要的中长期规划。1953~2020年，我国共实施了十个五年计划和三个五年规划，近乎见证了新中国成立以来国民经济建设发展的全部历程。从理论界的研究来看，大部分学者对国民经济规划的研究都聚焦于中长期综合发展规划。主要的原因在于：从规划的对象上看，五年规划是对经济社会发展的全面规划，属于总体规划，能够体现国民经济规划的综合性特点；从行政层级上看，五年规划包括从中央到各级地方政府的规划体系，体现了国民经济规划的系统性特点；从时间周期看，它是面对未来五年及更长时间的规划安排，属于典型的中长期规划，能够体现国民经济规划与年度计划和发展战略的显著不同。

　　对此，依据实务界的规划管理实践，遵照理论界学者的研究惯例，本书将研究对象界定为狭义角度的理解，即国民经济规划是指国民经济五年规划，具体包括"十一五"规划、"十二五"规划以及"十三五"规划①。本书对国民经济规划内涵的界定旨在突出强调从"计划"转向"规划"后其发展理念、发展目标和发展方式的重大转变。相比于五年计划，五年规划的发展理念始终贯彻落实科学发展观，不仅关注经济发展，更强调生态环境的可持续发展和人的全面发展，更加注重社会民生发展，更强调政府的宏观调控而非计划指令，更突出了市场在资源配置中的地位。

---

　　① 本书将国民经济规划概念界定为国民经济五年规划。从时间维度看，它包括"十一五"至"十三五"规划；从行政层级上看，它包括国家及各地方政府制定的多层级的五年规划。在本书的论述中，如无特别强调，五年规划是指由全国人大审议通过的国家"十一五"规划、"十二五"规划以及"十三五"规划。除此之外，本书第二章第四节中涉及对"三级三类"国民经济规划体系的分析，在行文中以国民经济规划体系表述，以此作为区别，特此说明。

二、高质量发展

(一) 高质量发展的背景

自 1978 年改革开放以来，我国经济快速发展，取得了举世瞩目的成就。2019 年我国国内生产总值接近 100 万亿元人民币，稳居世界第二；进出口总额突破 31.5 万亿元人民币，稳居全球第一；与此同时，人民生活水平也得到了显著提高，各项社会事业也取得了长足发展。

然而，在经济快速增长与繁荣发展的背后，人民对美好生活的向往与发展的不平衡、不充分的矛盾日益凸显。转变发展方式是解决我国社会主要矛盾的必然选择。2003 年，我国首次提出了科学发展观。贯彻落实科学发展观本质上就是要转变发展方式，从追求快速的经济增长到实现以人为本的，全面、协调与可持续的发展[①]。2007 年，党的十七大进一步解读了科学发展观的基本要义，明确指出科学发展观是以发展为基础，实现的方式要遵循以人为本的原则，实现的方法是统筹兼顾[②]。2012 年，党的十八大再一次强调坚持科学发展观是推进我国现代化建设的基本原则[③]。2014 年，习近平总书记在中央经济工作会议上指出，为应对我国经济社会发展的"新常态"，必须加快转变经济发展方式[④]。2015 年，十八届五中全会首次提出了五大发展理念[⑤]。五大发展理念是我国坚持科学发展观、加快转变发展方式的主要路径。2017 年，党的

① 《关于完善社会主义市场经济体制若干问题的决定》，央视网，http://jingji.cntv.cn/2012/11/05/ARTI1352087360703188.shtml。

② 《高举中国特色社会主义伟大旗帜　为夺取全面建设小康社会新胜利而奋斗》，人民网，http://cpc.people.com.cn/GB/104019/104101/6429414.html。

③ 《坚定不移沿着中国特色社会主义道路前进　为全面建成小康社会而奋斗》，中国文明网，http://www.wenming.cn/specials/zxdj/kxfzcjhh/jj/201211/t20121118_940065.shtml。

④ 《2014 年中央经济工作会议 (2014 年 12 月 9 日 – 11 日)》，旗帜网，http://www.qizhiwang.org.cn/n1/2022/0411/c443710 – 32396406.html。

⑤ 《中国共产党第十八届中央委员会第五次全体会议公报》，共产党员网，https://news.12371.cn/2015/10/29/ARTI1446118588896178.shtml。

十九大报告进一步指出在我国社会主义的新时代，要加快转变经济发展方式，从高速增长转向高质量发展①。高质量发展概念是继可持续发展、科学发展等理论后，我国提出的关于发展的最新理论成果。它不仅是中国特色社会主义政治经济学发展观的创新演进，也是中国对发展经济学经济发展方式理论的重大贡献。

（二）基于五大发展理念视角的高质量发展内涵

高质量发展是以质量和效益为价值取向的更高水平的经济发展，本质上体现了一种新发展理念（田秋生，2018）。所谓发展理念可以理解为对于发展的价值取向、发展的原则、发展的目标与发展的思路、方向和着力点的集中回答。高质量发展是对我国经济发展方式转换的价值取向、原则和目标等发展理念的集中体现。高质量发展理念是"创新、协调、绿色、开放、共享"五大发展理念的高度聚合（任保平，2018；孟祥兰等，2019）。高质量发展就是要转换经济发展方式，使创新成为发展的第一驱动力，发展方式上要注重协调性与可持续性，发展路径上必须始终坚持开放发展，发展的本质要求是实现发展成果由全民共享（见图2-1）。

创新是高质量发展的第一驱动力。创新发展是以科技创新为核心，以理论创新、制度创新等为支撑。科技创新包括对原有技术和产品的改进，也包括新技术的应用与新产品的创造。技术创新为经济活动带来更高效益的投入产出组合，是突破我国资源环境约束、劳动力约束、土地约束的主要途径。理论创新既包括对原有理论体系和框架的拓展，也包括对未知领域的新探索，是推进科技创新的重要基础。制度创新则是对经济社会发展中一系列规则的革新。制度创新能改变人们行为选择的约束与激励，是激励经济主体创新的基本保障。上述领域的创新都能集中体现为社会经济效率的改进和提高。

---

① 《决胜全面建成小康社会　夺取新时代中国特色社会主义的伟大胜利》，中国网，http://www.china.com.cn/19da/2017 – 10/27/content_41805113.htm。

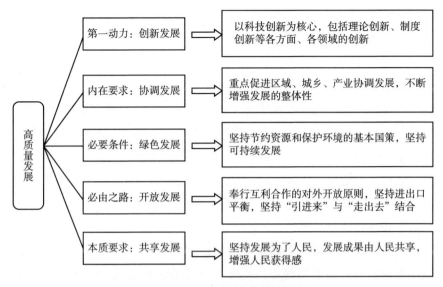

图 2 - 1　基于五大发展理念的高质量发展内涵

资料来源：笔者绘制。

　　协调发展是高质量发展的内在要求。在我国，协调发展主要是解决区域、城乡以及产业发展的不协调问题。区域发展的不平衡一方面来自区域间自然资源禀赋、人口资源以及原有经济基础的不同；另一方面，改革开放之初，差异化的区域发展战略造成了我国各地区发展差距的扩大。一定程度的区域差距能够释放区域间的比较优势，形成区域互补与分工合作的发展格局，但是区域发展差距过大则不利于国民经济可持续发展。因此，实现区域协调发展是我国高质量发展的内在要求。我国城乡发展失衡问题由来已久，一方面是源于农业生产经营的弱质性导致农业发展在市场经济环境中处于发展劣势，另一方面是由于新中国成立初期工业化优先发展战略导致资源过度集中于城市，造成城乡发展差距进一步扩大。农业发展是关乎国计民生的基础产业，是实现高质量发展不可忽视的组成部分。产业发展不协调在产业间表现为生产要素投资回报率存在较大差异，在产业内部则表现为产品产能过剩与优质供给短缺并存。产业发展失衡是我国经济发展

"新常态"的重要表现。全力解决发展不协调问题是实现我国高质量发展的内在要求。

绿色发展是实现高质量发展的必要条件。绿色发展是对资源利用和环境保护提出更高要求的发展方式。长期以来，我国粗放的发展模式造成了大量的资源浪费，严重破坏了生态环境基础，造成发展难以持续。实现绿色发展，一方面是要实现资源的集约高效利用，既要通过更新生产设备、改变生产方式，提高资源使用效率，也要大力开发新能源、缓解对不可再生资源的依赖；另一方面，绿色发展对环境和生态改善提出了要求，既要控制污染物的排放量，也要加大环境污染整治力度，大力开展生态环境修复工程。

开放发展是实现高质量发展的必由之路。2001 年加入 WTO 以来，我国充分利用国际市场优势，实现了经济的强劲增长。2008 年金融危机爆发以来，世界经济处于缓慢复苏和深度调整态势，"倒逼"我国摒弃低水平对外贸易发展模式，构建高水平开放发展格局。一方面，不仅要扩大商品贸易规模，也要注重在投资领域的高水平开放发展，奉行互利合作原则，深度融入世界经济发展潮流；另一方面，不仅要"走出去"，更要积极"引进来"，注重引资、引智、引技，充分利用对外开放优势促进我国经济发展方式转型。

共享发展是高质量发展的本质要求。实现发展成果全民共享、提高人民获得感是中国社会主义制度的本质要求。改革开放以来，我国大力度开展经济建设，却忽视了对教育、医疗等公共物品的投入。随着我国经济发展水平的提高，人民对美好生活的向往越发强烈，对公共物品供给提出了更高的质量要求。除此之外，改革开放以来，我国贫富差距不断扩大，利益矛盾和阶层分化越发严重。这影响了我国发展的稳定性和持续性，违背了党和政府"发展为了人民"的基本宗旨。因此，在高质量发展阶段，要渐进地推动共享发展改革，实现共建共享发展。

第二节　基本理论

一、市场失灵理论

（一）理论背景与内涵

自由市场经济的思想最早可追溯到亚当·斯密在《国富论》中对"看不见的手"的论述，即在自由的市场经济中，理性主体分散决策能够实现社会资源的最优配置。此后近一个半世纪，大部分经济学者都认同市场经济具有显著的优越性。然而，1929 年开始的"大萧条"宣告了"市场神话"的破灭。此后，学者不再讳言市场经济的局限性。美国经济学家巴托最早提出市场失灵的概念，他指出现实市场中垄断企业和卡特尔组织的存在导致了市场失灵问题。由此来看，市场失灵是指市场无法有效配置资源的情况。由于现实和理论中的市场经济存在较大差异，在探讨市场失灵时，可以从两个层次理解：其一为在理想的市场机制下，仍未能实现有效率配置资源的情况；其二为由于现实市场和理想市场存在差异，导致市场无法有效配置资源的情况。美国经济学家斯蒂格利茨认为现实中不存在完备的市场机制，所以第二个层次的市场失灵普遍存在。

上述市场失灵概念是以帕累托效率为标准定义的，属于传统经济理论对市场失灵的理解。随着社会发展，人们不仅关注资源配置的效率问题，也开始关心资源配置的公平问题。然而，有效率的市场往往不代表分配是公平的。如果考虑人们的价值标准不再局限于市场效率，市场失灵还应该包括市场机制难以实现非效率导向目标的情况，比如市场机制难以实现社会公平等其他社会合意性目标，可将其视为更高层次的市场失灵。

(二) 市场失灵的原因

1. 外部性

英国经济学家庇古最早提出了外部性概念。他认为如果私人边际净产值和社会边际净产值不相等，就产生了外部性问题。市场效率得益于价格的信号机制，但当外部性存在时，价格不能反映"真实"的边际净产值，因此市场机制不能实现有效率的资源配置结果。按照外部性对他人带来的影响是收益还是损失，可将其分为正外部性和负外部性。市场机制通常无法有效激励正外部性活动，但往往造成了过度的负外部性活动。对此，庇古提出通过补贴和征税两种办法来解决正外部性激励不足和负外部性供给过度问题。

2. 公共产品

萨缪尔森最早指出公共物品具有非竞用性。此后，布坎南从非竞用性和非排他性两个维度进一步界定了公共物品的概念。由于非竞用性和非排他性的存在，消费者存在"搭便车"的机会主义行为。市场机制无法准确获得消费者对公共物品的真实需求。这就导致市场机制无法有效激励经济主体提供公共物品。因此，市场机制在公共物品的资源配置领域存在失灵问题。

3. 市场势力

市场势力是指企业在市场中拥有控制价格的能力，它可以通过减少产量，影响产品在市场上的总供给，从而以高于边际成本的价格出售产品，获得相应的利润。与完全竞争的市场相比，当存在市场势力时价格不再能够发挥有效的信号机制，从而造成产品供给不足、社会效率损失，出现了市场失灵问题。在现实的市场经济中，市场势力普遍存在，甚至部分行业存在垄断、寡头竞争等市场结构。因此，市场势力导致的市场失灵问题较为普遍。

4. 信息不完全或信息不对称

信息不完全是指参与人不具有市场活动的全部信息，包括绝对意义上的不具备全部信息，也包括认知能力有限等导致的难以有效运用信息的相对信息不完全。信息经济学的鼻祖哈耶克认为信息不完全比完全信息的假设更具有现实解释力。信息不对称是信息不完全的特殊情况，是从交易参与人之间信息结构差异的角度理解信息不完全。信息不完全与信息不对称导致参与人无法实现最优选择，造成逆向选择问题与道德风险行为。由此来看，在市场机制中，信息不完全无法使个人自利、理性的行为选择达到最优的资源配置结果。企业间的委托代理问题、二手车市场问题是典型的由于信息问题导致的市场失灵。

5. 跨国贸易

跨国贸易的发展能够促进资源在不同国家间流动，能够改进国家间的资源配置结果，但是在完全自由的国际贸易中，后发国家往往难以培育本国新兴产业，导致国家间发展差距进一步扩大。因此，在国际贸易发展实践中，大部分国家都是依据本国的国内发展需要，对国际贸易进行全面统筹、协调，弥补自由贸易对本国市场的不利影响，比如采取关税、实施出口限额等方式培育本国幼稚产业。由此来看，国际贸易领域存在市场失灵问题。

6. 社会公平

人类社会的发展绝不止于对经济效率的追求，社会发展的公平问题已经引起了广泛关注。市场机制虽然能够实现"物有所值""人有所值"，但有可能造成"马太效应"，加剧社会发展矛盾，甚至导致不公平。由此来看，尽管市场机制是有效率的，但却不符合人们对于公平发展和共享发展的价值标准。因此，考虑到社会发展的公平性，市场机制配置资源存在失灵问题。

二、政府失灵理论

（一）理论背景与内涵

上文所述的市场失灵理论为政府管制的合理性提供了依据，但是政府同样也会存在失灵问题。1929 年"大萧条"发生后，西方国家积极引入"政府之手"对市场进行管制，但政府机构臃肿、官僚气息严重、管制过度、行政效率低下等问题不断暴露。在此背景下，政府失灵问题开始得到学者的关注。

萨缪尔森被认为是最早提出政府失灵概念的经济学家，此后学术界开始广泛探讨政府失灵的内涵，但是至今并未形成完全一致的观点。代表性的研究有以下一些：丁煌（1999）认为政府失灵是指政府活动未能达到意图所指的目标。唐兴霖（2000）认为政府提供公共物品时存在资源浪费和效率低下的情况是政府失灵的典型表现。胡宇（2003）则认为政府失灵与市场失灵是相对应的概念，所以政府失灵是指政府无法有效配置经济资源的情况。

公共选择学派对政府失灵问题进行了较为全面的论述，将政府失灵划分为以下四种情况：第一类是政府能力不足，导致政府无法达到预期目标；第二类为政府以低效率或者高成本的方式达到预期目标；第三类为政府以高效率的方式实现了预期目标，但同时造成了"副作用"；第四类是政府"无能为力"，导致政府难以有效解决问题。

（二）政府失灵的原因

1. 委托代理视角

大部分国家的政府可被视为公权力的代理人，政府代表公民意愿制定公共决策，但如果将政府组织和政府官员视为自利、理性的"经济人"，则政府公共决策过程中的多层级委托代理关系是导致政府失灵不可忽视的因素。政府治理中的委托代理关系可分为三个层次：第一层是民众与政府间的委托代理关系；第二层是上下级政府间的委托代理关系；第三层是政府机构与官员间的委托代理关系。

通常而言，由于缺乏对代理人行为的有效监督和考核，上级官员难以约束下级官员，选民难以约束政府。代理人的道德风险行为导致政府公共决策制定和执行流于形式，造成政府失灵。除此之外，多层级的委托代理关系通常会导致委托人意愿被逐级过滤，造成委托人意愿无法实现。

2. 成本收益视角

政府施政行为需要一定的财政资金支撑。因此，可以从成本收益的角度理解政府失灵问题。政府收益主要是来自企业和居民的税收收入，支出为政府的公共财政支出。与企业不同，政府的目标不是实现收入最大化。因此，政府施政行为通常不计成本。在现实中，政府的资源浪费问题广受诟病。除此之外，政府作为国家权力运行的唯一执行人，在提供公共产品和公共服务时由于缺乏竞争，往往导致公共产品和服务供给效率低、成本高。因此，从成本收益角度来看，政府行为存在失灵。

3. 不确定性视角

不确定性是造成政府失灵不可忽视的原因。一方面，环境的复杂性与政府认知的有限性决定了政府制定政策时存在一定程度的盲目性。合意政策的制定必须依靠大量准确可靠的信息。然而，政府通常是在信息不完全的情况下制定政策，导致预期目标无法实现。另一方面，政府公共政策过程包括问题认识、政策决策以及政策执行等基本环节。政府对未来的预判能力、对现状问题的认识能力、政策的制定效率等是影响政策时滞的主要方面。政策时滞往往导致政策难以及时有效地发挥效果，造成政府失灵。除此之外，面对复杂多变的环境，政府政策存在前后不一致的可能，政策意图相互冲突不利于实现政策效果，造成政府失灵。

4. 官员寻租视角

政府是国家权力的代理执行人。因此，权力可视为政府的"可支配资源"。权力的垄断为政府带来了寻租的可能，造成政府失灵。早期就有学者对这一问题进行了研究，提出了"政治创租"的概念。在各国家政府执政中，官商勾结与官员腐败现象普遍存在。基于对中国经济发展实践的考察，有学者提出腐败为官员努力参与经济建设提供了强烈的个人激励，是经济增长的"润滑剂"（Leff, 1964；Barreto, 2000）。但不可否认的是，廉洁政府建设是各国政府执政目标之一。腐败多属于非生产性资源投入，不仅直接造成了资源浪费，也进一步导致了社会资源错配（Scott, 2004）。除此之外，官员腐败会降低政府公信力，不利于公共政策的执行。由此来看，官员寻租是造成政府失灵不可忽视的重要原因之一。

三、发展规划理论

（一）社会主义计划经济下的计划理论

1. 社会主义计划理论的萌芽

计划理论的思想萌芽发源于空想社会主义对资本主义社会的批判。空想社会主义的代表人物圣西门认为经济自由运行一定会导致无秩序的混乱状态。他提出只有通过政府编制经济计划才能消除经济自由的弊端。在此基础上，巴贝夫系统地分析了资本主义经济中存在生产过剩危机的可能性，并主张通过经济计划消除生产的盲目性。

马克思和恩格斯对空想社会主义思想进行了扬弃。一方面，他们继承了空想社会主义对资本主义社会的批判；另一方面，他们也清醒地认识到"乌托邦"社会的空想性。他们在科学分析资本主义社会经济运行规律的基础上，提出了资本主义社会引发经济危机的历史必然性以及通过全社会计划实现资源配置的优越性。与此同时，马克思和恩格斯提出生产力的高度发达、消除商品交换以及实现社会占有全部资料是充分发挥社会计划优越性的前提条件。

2. 社会主义实践中的计划理论

随着苏联、中国等国家社会主义制度的确立，计划理论在实践中得到了快速发展，逐步形成了社会主义实践中的计划理论。

列宁总结了战后经济中执行严格指令性计划的经验教训，并主张社会主义制度与商品关系不完全对立，社会主义经济也并非只能制定指令性计划。

斯大林是社会主义实践和思想的集大成者。他认为社会主义的制度基础必须是公有制并采用国家五年计划的方法建设社会主义经济，这是对马克思理论在实践中的开拓性应用。斯大林坚持制定严格的指令性计划并认为计划与市场具有完全对立性。这对后续马克思主义者产生了深远的影响。

兰格借鉴市场经济的"试错"思想，提出计划经济也可以通过"试错"法确定供求相当的均衡价格。他认为用计划模拟市场比资本主义制度下实现均衡状态更有效率，并提出计算机的应用使计划更具有可行性和便利性。兰格的观点肯定了经济活动的基本价值规律，这为后继者进一步探讨社会主义经济中计划与市场的关系起到了先导作用。

20世纪80年代，部分社会主义国家在困境中艰难徘徊。大多数经济学家开始认识到计划与市场并非完全对立，两者结合能够充分发挥市场的积极作用，又能够实现对市场的监督和调节。

（二）资本主义市场经济下的计划理论

1. 关于经济计划的必要性

资本主义计划理论可以追溯至1936年凯恩斯出版的《就业、利息与货币通论》。凯恩斯论述了人的三大基本心理因素会导致市场经济出现有效需求不足，从而引发资本主义市场经济危机。由于市场机制无法对其进行有效调节，因此必须通过国家干预，才能缓解失业和经济危机。凯恩斯的观点开启了国家干预的理论思潮，开创了宏观经济理论的先河。

里昂惕夫开创性地通过投入产出表证明了计划的必要性，尤其是经济活动的风险越大，计划的重要性越突出。他认为自由竞争的自动调节机制和理性的计划安排同样重要，政府不是在毫无限制的竞争和全面计划之间进行选择，而是研究如何将二者有效结合。

瑞典的制度经济学家缪尔达尔认为，在资本主义制度国家，计划安排是为了解决以下三个问题：其一，工业化进程中的垄断企业与卡特尔联盟问题；其二，各级地方政府行动的协调一致性问题；其三，平衡各主体利益均衡的问题。基于此，他认为计划符合自由、平等的价值观，有助于实现社会民主。

需求预期理论指出，计划为企业家指明了未来方向，提高了企业家对未来需求的预测能力。因此计划能够有效地减少风险、提高利润，促进经济产出增加。

20世纪60年代联邦德国的总体调节理论认为，资本主义经济计划是在保证制度不变的情况下，为了实现宏观经济目标而进行总体调节。与计划指令不同，总体调节不直接安排企业生产经营，而是通过经济政策手段创造实现总体目标的宏观环境。

2. 关于计划和政策关系的解释

哈罗德在1973年出版的《动态经济学》中提出指导性计划优于需求管理政策，甚至能够替代财政和货币政策。荷兰经济学家丁伯根对于计划与政策的关系做了如下阐述：（1）经济政策的制定是以计划为基础；（2）经济计划为整个经济政策体系提供了发展目标；（3）经济计划能够协调各项政策关系；（4）为了达到计划目标能够对经济政策进行调整。

（三）社会主义市场经济下的规划理论

1. 社会主义市场经济实践中对规划理论的探索

1978年，十一届三中全会的胜利召开吹响了我国经济改革的号角。中国经济改革在理论上体现为对计划与市场关系认识的转变以及对社会主义经济本质特征认识的深化；对应于规划管理实践，则体现为五年计划与五年规划制度安排的逐步转型。国民经济规划作为中国特色社会主义市场经济的制度创新，对其理论的梳理必须以中国经济改革的实践背景为基础。对此，本书以改革开放以来我国经济体制改革的不同阶段为划分依据，探讨不同时期我国规划理论的代表性观点。

1979~1983年，我国处于"以计划经济为主，以市场调节为辅"的发展阶段。理论界的大多数学者支持以计划经济为主体，采取渐进式的市场化改革，逐步引入市场调节方式。在此阶段，学术界对于社会主义经济的商品性问题仍持有不同的观点，可将其归纳为三类：第一类观点仍然坚持社会主义经济的计划性，认为虽然在社会主义经济中允许商品生产和流通，但社会主义经济不是商品经济；第二类观点也同样坚持社会主义经济的计划性，但是将市场机制视为计划经济的一种属性，将其称为有市场机制的计划经济；第三类观点主张社会主义经济不等于计划经济，社会主义经济体制可以将计划性和商品性有机统一（马洪，1990）。在此阶段，对于计划与市场的结合形式，理论界存在两类观点：第一类是板块式结合，国民经济生产中的重要领域仍然延续使用计划管理方式，对于其他部门则逐步采取市场调节方式；第二类是胶体式结合，推行计划管理与市场调节互相融合与渗透。在对计划和市场关系的理论思辨下，学者们对于指导国民经济发展的五年计划是指令性计划还是指导性计划的问题展开了热烈探讨。一部分学者坚持认为社会主义必须是计划经济，严格周密的指令性计划是社会主义制度的重要体现。也有一部分学者认为指令性计划和指导性计划都是计划方式，在不同的历史阶段要采取不同的方式，并指出在我国改革开放的战略背景下，应该以指导性计划为主，逐步减少指令性计划范围。

1984～1989年，我国处于"有计划的商品经济"阶段。随着改革经验的不断积累，理论界对于计划和市场的关系有了更一致的认识，对社会主义经济制度的基本特征有了更深刻的理解。理论界认为计划与市场具有内在统一性，均是社会主义经济运行的重要基础。社会主义商品经济的本质属性仍然是计划经济，但是允许以市场经济为辅。与该阶段的理论思潮相对应，国民经济计划管理在实践中有步骤地逐步扩大指导性计划范围，除关乎国计民生的重大领域外，都实行指导性计划。

1990～1991年，属于"计划经济与市场调节相结合"的阶段。理论界不再就市场是否应该存在于社会主义经济体制中展开争论，而是集中于对计划与市场的主辅之争。一类观点主张以计划管理为主，辅之以市场调节。这种观点根源于计划经济制度论（刘国光等，1991）。也有部分学者认为计划与市场不分主次（宋涛，1991），但依据时间、空间和调节对象的不同，两者存在非平衡性。在此阶段，我国的国民经济计划管理实践是指令性计划与指导性计划方式共存（马洪，1990）。

1992～2002年，我国处于"初步建立社会主义市场经济"阶段。党的十四大后，理论界对于计划与市场的认识取得了突破性进展，计划管理与市场调节只是经济运行的方式，社会制度与经济运行方式间不再具有黏连性。无论是资本主义制度还是社会主义制度，都可以利用计划和市场两种经济运行方式。对于计划与市场的结合方式，理论界也达成了有机结合的观点（卫兴华，1994），体现为计划反映市场、市场需要计划。在理论界取得重大进展的同时，国民经济计划管理实践也取得了突破性进展。在党的十四大以后，为强调国民经济计划的宏观调控职能，我国不再制定应用于微观层面的指令性计划。

2002年至今，我国进入了"完善社会主义市场经济"阶段。党的十六大明确提出21世纪前20年，要逐步完善社会主义市场经济体制，尤其是把行政管理体制改革放在突出的位置，强化政府公共服务职能①。为加快完善社会主义市场经济体制，我国的国民经济管理制度也相应发生了调整。从2006年开始，我国进入了发展战略规划期。国民经济规划在内容上强化了政府的公共服务职能，在功能上更加强调宏观战略的导向功能，在方式上更加强调市场的决定性作用。

2. 国民经济规划理论的系统化

林木西等（2018）在《国民经济学》中依据我国规划管理的实践经验，总结了国民经济规划的特征与功能。这是对我国国民经济规划相关理论的系统性论述。

国民经济规划是关于未来的行动方案，是国民经济管理的一项重要职能，它具备以下特征：一是预测性。规划基于对未来发展态势的预判，制定发展目标以及实现目标的预先安排。二是协调性。规划是对一系列方案有条理、有选择的系统安排。三是指导性。规划的目的在于行动，对经济活动具有直接的指导性。四是选择性。这是对未来达到何种目标和以什么途径实现目标的选择。五是多层次性。规划是一个多层次体系，与经济活动相对应形成了宏观层次规划、中观层次规划以及微观层次规划。

从国民经济管理的角度看，国民经济规划具有以下功能：一是目标

---

① 《全面建设小康社会，开创中国特色社会主义事业新局面》，http://www. chi-na. com. cn/guoqing/2012 - 10/17/content_26821180. htm。

分解功能。规划通过设置主要目标和制定重大战略任务,既为政府内部各部门提出了明确的目标责任,也为全体社会成员指明了未来的发展方向。二是具体协调功能。国民经济系统内部运行的复杂性与外部环境的动态性,要求规划通过统一筹划和多方协调,实现经济活动安排的协调一致。三是资源配置功能。规划通过引导市场主体行为以及直接参与资源配置等方式发挥参与资源配置的功能。四是重点导向功能。规划从国民经济发展的全局出发,着眼于发展的主要矛盾和关键环节,明确重点任务、主要任务。

第三节 国民经济规划对推动高质量 发展作用的理论分析

一、国民经济规划对推动高质量发展的必要性

(一) 高质量发展中存在市场失灵

1. 创新发展中的市场失灵

实现高质量发展就要求改变过去过度注重经济增长规模、速度的粗放式发展模式,转而追求经济发展质量和效益全面提升的发展模式。因此,只有通过创新实现原有路径的改进,推动生产前沿的不断扩大,才能提高经济发展的质量效益。创新是不断试错的尝试性过程,具有较大的不确定性、较高的风险以及较长的周期。在市场环境中,不具有抗风险能力的小规模经济主体的创新激励通常不足。除此之外,创新具有正外部性,导致创新主体无法获得全部收益。因此,市场机制通常无法有效激励经济主体的创新投入,尤其体现在基础创新领域。除此之外,创新过程的分散性以及专利制度对创新信息的保护,导致创新市场具有更突出的信息不完全问题。信息不完全与不充分决定了市场难以有效引导

创新资源合理配置。上述原因解释了市场机制配置创新资源存在创新投入激励不足、创新市场化低效的市场失灵问题（Arrow，1962）。

2. 协调发展中的市场失灵

协调发展是实现我国高质量发展的内在要求。传统的经济理论指出，只要调整周期足够长，经济资源充分流动，市场机制能够使区域发展、城乡发展和产业发展最终达到协调均衡状态。然而，现实的市场经济中市场势力、信息不对称以及过高的交易成本问题普遍存在，市场机制无法实现自发均衡，甚至会造成区域、城乡协调发展中的"马太效应"，进一步扩大区域间、城乡间的发展差距。"投资潮涌"理论是从信息不完全的角度，解释了我国产业发展中同时存在投资过度与进入不足的产业失衡现象。该理论将产业发展失衡问题归结为在缺乏信息的市场机制下导致的"理性"结果。如上所述，仅依靠市场机制，会造成区域、城乡、产业间发展差距的扩大。市场机制配置资源无法自动实现协调发展，存在市场失灵。

3. 绿色发展中的市场失灵

绿色发展是以资源高效利用和环境友好为原则的经济发展方式。环境具有公共品属性，市场机制无法对环境资源进行有效配置。一方面，因为破坏环境属于典型的负外部性行为，市场机制下会造成经济主体"过度"破坏环境。另一方面，保护环境的行为具有正外部性，在市场机制下，经济主体保护环境的激励不足。比如，企业进行绿色生产时购置生产设备、引进绿色生产技术等成本往往由企业承担，但环境改善的收益却非企业独享。因此，在市场机制下，企业进行绿色生产的激励往往不足。与之相似，自然资源的产权不明晰导致市场无法对其进行有效配置，经济主体对自然资源的过度挥霍造成了"公地悲剧"。由此来看，市场机制在环境保护与资源利用领域存在市场失灵。

4. 开放发展中的市场失灵

开放发展是我国实现高质量发展的必由之路。虽然自由的市场经济是国际贸易繁荣发展的基础条件，但是市场机制无法保证各个国家利益的实现。从国际贸易发展的实践来看，世界各国均从本国发展的整体利益考虑，制定关税、进口配额等国际贸易政策，以保护本国产业的发展。除此之外，跨国间的经贸活动存在较强的不确定性、较高的风险以及不可忽视的交易成本。开放发展需要跨国的法律协调、制度交流以及文化的双向沟通，也需要如"一带一路"综合运输通道等基础设施建设。从某种意义上说，制度供给和基础设施都具有公共品属性，市场机制中分散决策的市场主体难以有效供给上述"公共物品"。综上所述，开放发展中存在市场失灵。

5. 共享发展中的市场失灵

我国高质量发展的本质要求和最终目的是实现共享发展，"共"体现了发展对象要惠及全体人民，"享"表达了发展的内容上要实现全方位的享有。公共物品的提供是实现共享发展最主要的表现形式。然而，市场机制难以有效满足公共物品的需求，因此无法对公共物品进行有效配置。从另一个角度看，共享发展的本质是对经济发展成果的再分配，再分配过程不是"经济人"的理性选择。在市场经济中，收入相当于是对经济主体的"定价"，由于市场主体的个体差异、区域差异以及不确定性因素的存在，必然造成个体间的收入差距。因此，市场机制无法有效实现共享发展。

（二）高质量发展中存在政府失灵

探讨高质量发展中的政府失灵问题，不能简单照搬西方经济理论对于"政府之手"不足之处的泛泛批评。世界范围内政府治理体制的现实差异，告诫我们在讨论政府失灵时，必须在特定的政府治理体制和制度背景下分析政府失灵问题。我国的政府治理体制主要是中央与地方间多层级的委托代理关系。在我国，中央政府如何调动各级地方政府积极执政并有效实现中央政府目标，即减少委托代理关系中的组织内部管理失灵，是减少我国政府失灵的关键。

改革开放以来，为调动地方政府为经济增长而积极执政，我国政府治理体制逐步改革，形成了以向上集中的官员治理体制和财政分权制度（张军等，2007；傅勇等，2007）为主的央地间政府治理关系。官员的

GDP 考核机制成功构建了各级政府间的激励相容机制，有效调动了地方政府投身于经济增长建设的积极性（周黎安，2004）。但地方政府对经济增长的过度热情，掩盖了长期以来经济发展中积滞的矛盾。面对经济社会发展的新阶段，我国政府提出了从高速度增长向高质量发展转型的战略导向。在现有的政府治理体制下，地方政府能否积极投身于高质量发展建设，这是本章研究高质量发展中政府失灵问题的立足点。由高速度增长向高质量发展转型，相当于改变长期以来地方政府依赖的经济增长模式，构建新的经济发展模式。地方政府是否有激励向新路径转换，取决于向新路径转换的收益和打破原有路径依赖的成本。

基于上述分析，本章分别构建了地方政府在高速度增长目标和高质量发展目标下的行为选择模型，以为下文从委托代理视角、成本收益视角、不确定性视角、官员寻租视角分析我国高质量发展建设中存在的政府失灵问题奠定基础。

1. 模型构建

本章将地方政府长期坚持的经济增长路径方程化为 $Y = LKy$，其中 L、K 分别为区域人力资本和物质资本水平，y 为地方政府对于地区经济增长的资源投入。值得注意的是，该方程并非对经济增长路径的数学化，而是通过模型化的方式，表现在经济增长路径下，政府财政投入与产出间具有的相对"确定性"的关系。

与经济增长投入相比，地方政府的高质量发展投入具有风险高、周期长、绩效难以准确衡量的特征。本章将高质量发展路径方程化为 $A^{t=1} = A^{t=0} + \xi A^{t=0} x^{\alpha}$，$A^{t=0}$ 为初始的高质量发展水平，$A^{t=1}$ 为 $t = 1$ 时的高质量发展水平，x 代表地方政府的高质量发展财政投入。该方程中的 ξ 代表了高质量发展的投入与产出间的综合系数关系，体现了高质量发展路径具有的不确定性和风险性。高质量发展投入往往需要较长周期才能实现发展水平的提高。因此，本章对政府高质量发展投入赋予了时间贴现因子 $\alpha(0 < \alpha < 1)$。

本模型假设地方官员任期为两年，即第二年底对官员执政绩效进行考核，决定其是否获得晋升。参考徐干等（2019）的研究，本模型假设官员效用来自于"名、利、权"三方面。"名"为官员的职位晋升效用 V，取决于官员绩效考核目标的完成情况；"利"为官员的收入效用 M，来自于财政支出中的行政费用开支 z；"权"体现为官员获得的腐败效用 B，考虑到腐败与经济发展规模具有较强的相关性，本模型假设官员的腐败效用与地区的经济规模 Y 相关。

　　财政资金是地方政府施政面临的主要约束。本模型假设地方政府初始的财政资金为 $\Phi^{T=1}$，将其投向划分为三类：第一类为地方政府对高质量发展领域的投入 x；第二类为向经济增长领域的投入 y；第三类为政府行政费用开支 z。为体现高质量发展路径的长周期性，本模型假设在官员任职的第一年，政府向高质量发展领域的投入不能显著提高地区高质量发展水平，不能够直接促进经济增长①。与之相对，政府向经济增长领域的财政投入不仅能够实现经济总量的扩大，同时也增加了政府第二年可支配的财政资金。为了简化分析，本模型假设地方政府每年的财政收支完全平衡，不能举借政府债务，也不存在央地间转移支付。

　　图 2-2 和 2-3 分别为地方政府官员在中央政府不同的考核目标下的行为选择机理。

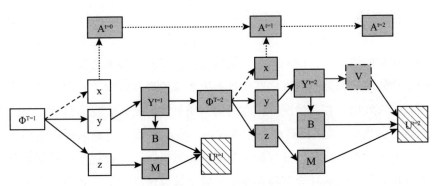

图 2-2　高速度增长目标下的地方政府行为选择

资料来源：笔者绘制。

---

　　① 本模型假设高质量发展只有在长期积累的情况下，才能够改变原有的经济增长路径，促进经济增长，短期内不改变经济增长路径，对经济增长不产生显著影响。

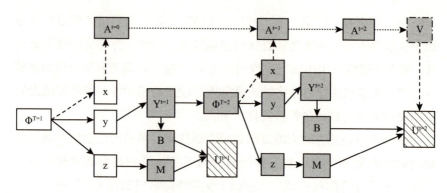

图 2-3　高质量发展目标下的地方政府行为选择

资料来源：笔者绘制。

2. 高质量发展中的政府失灵

（1）委托代理视角。如果中央政府对地方政府的绩效考核目标为经济总量 Y，则地方政府官员为了获得晋升效用、收入效用和腐败效用的财政资金投向与实现高速度增长目标的财政资金投向具有一致性，说明央地间形成了激励相容的委托代理机制。本模型的这一结论，解释了改革开放以来我国地方政府为经济增长而积极执政的重要原因（王贤彬等，2010）。

如果对地方政府的考核目标为高质量发展水平 A，地方政府官员在短期任职的情况下，向高质量发展领域投入财政资源未必能够保证其获得晋升效用。与此同时，向高质量发展领域的投入减少了政府的腐败效用和收入效用。在此情况下，政府的高质量发展投入表现为财政资源的相对"漏出"，难以提高地方官员效用。由此来看，现有的政府治理体制没有形成在高质量发展目标下的激励相容机制，导致官员自身利益与高质量发展建设的社会利益存在不一致，难以激励官员主动为高质量发展积极执政。

（2）成本收益视角。改革开放以来，我国逐步加强了对地方政府的预算约束，但相对于适用"丛林法则"的市场经济来说，政府收支通常不具有"硬约束力"。以本章模型中所论述的行政费用支出为例，无论地方政府是在高速度增长目标下还是在高质量发展目标下，都具有扩大行政费用支出以提高收入效用的激励。因此，行政机构臃肿、三公消费无节制等政府失信问题频现报端。在高质量发展目标下，难以获得晋升效用导致地方官员更倾向于增加行政费用开支，减少向高质量发展领域的财政投入。

（3）不确定性视角。与高速度增长路径相比，高质量发展路径具有更大的不确定性。因此，地方政府官员面临"竹篮打水一场空"的风险或者面临"前人栽树后人乘凉"的激励不足问题。地方政府向高质量发展转型的收益存在较大的不确定性，但路径转换的成本或者说牺牲原有增长模式下的利益是确定的。因此，高质量发展的不确定性弱化了地方政府投入高质量发展建设的积极性。

（4）官员寻租视角。与市场主体相比，官员是权力资源的配置者。在监督机制不健全的体制下，理性的官员具有机会主义行为倾向，其典型表现为官员的设租、寻租行为（Shleifer & Vishny，1993）。在我国，企业通常是官员设租、寻租的主要对象（周黎安，2016）。在高速度增长目标下，官员腐败与企业创收紧密相连。但是高质量发展的财政投入更关注公众福祉的改善与调节。因此，与经济增长投入相比，高质量发展投入不易于为官员带来腐败收益。由此来看，官员腐败动机下的理性投入与高质量发展投入方向不一致，导致政府高质量发展投入不足（Feltenstein & Iwata，2005）。

（三）国民经济规划弥补高质量发展中的市场失灵

1. 国民经济规划引导市场主体行为

国民经济规划是党和政府审时度势，依据客观实际对未来经济社会发展提出的总目标和总愿景，为全社会指明了未来一段时期内的国家发展方向、宏观发展趋势和政府工作重点。市场主体能够根据国民经济规划的政策与趋势导向，形成发展预期，从而进行策略调整，有效减少了宏观政策波动风险和个体分散决策的盲目性。国民经济规划中确定的重大创新项目为市场主体提供了创新趋势，能够引导全社会的创新方向；

重点产业的发展规划为企业的战略调整提供了有效指导；绿色发展领域的重点任务能够引导市场主体积极承担环境治理责任，提高资源利用效率；国家间、区域间合作机制的深入构建，为市场主体开展跨国贸易、投资、交流提供了稳定预期；重大民生工程等共享发展相关的任务安排为全体人民谋划了发展愿景。

2. 国民经济规划调节公共资源配置

政府规划和市场机制都具有资源配置的功能（张今声等，2005）。市场机制在公共服务和公共物品提供领域失灵为政府规划提供了客观需求。随着经济发展和生活水平的提高，人民对美好生活的向往越发强烈，对公共品的需求将不断扩大，要求将不断多元化。在社会主义的新时代，我国公共品投入不足、不均等、不匹配的矛盾越发突出。国民经济规划通过制定和实施重点项目与重大工程，弥补了市场机制在公共资源配置中的不足。在创新发展中，国民经济规划确定基础科研领域的重大项目，构建国家创新体系；在协调发展中，国民经济规划统筹区域、城乡共融发展，实现基本公共服务并轨；在绿色发展中，国民经济规划加强环境基础设施建设，提高环境监控检测能力；在开放发展中，国民经济规划加强口岸基础设施建设，提高开放发展承载力；在共享发展领域，国民经济规划对教育、就业、社会保障等领域确立项目清单，推进基本公共服务均等化。

3. 国民经济规划协调多方主体利益矛盾

国民经济规划以协调发展和共享发展理念为引领，通过布置重点任务和开展重大工程项目，调节经济发展中各主体的利益矛盾。市场机制的效率原则在促进经济高速增长的同时，造成了各主体间利益差距的扩大与利益矛盾的加剧。调节城乡、区域发展差距，改善人与自然的紧张关系是我国高质量发展建设的主要任务之一。国民经济规划对各领域、各方面的发展关系与利益关系进行具体协调，通过制定规划目标、执行具体措施，缓解高速增长带来的利益矛盾，并防止各主体间矛盾的进一步扩大，从而实现高质量发展。

（四）国民经济规划减少高质量发展中的政府失灵

1. 国民经济规划统一各级政府治理目标

国民经济规划作为政府的公共政策，其实际执行主体是各级地方政府。在我国，从中央到地方形成了在发展理念上"一以贯之"、在规划目标上"层层加码"（周黎安等，2015）、在任务安排上"逐级分解"的国民经济规划体系。国民经济规划为政府治理提供了目标依据，统一了各级政府治理目标。尤其是从"十一五"规划开始，约束性指标的公报制度强化了对各级政府约束性指标完成情况的考核。由此来看，国民经济规划通过统一各级政府治理目标，减少了高质量发展中委托代理机制下的政府失灵。

2. 国民经济规划明确政府责任与约束

与经济增长目标相比，高质量发展具有投入周期长、风险大且绩效不易量化的特点。相比于直接考核最终"结果"目标——高质量发展水平，国民经济规划将最终目标分解为一段时期内可量化考核的阶段性"投入"目标，从而明确了政府官员在考察期内高质量发展建设的具体责任和约束，实现了对各级政府投入于高质量发展建设的"过程"控制（见图2－4）。在官员任期较短与频繁调动的情况下，国民经济规划的"过程"控制机制能够保证各级政府按照规划目标，持续不断地投入于高质量发展建设。

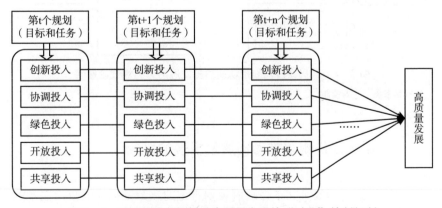

图2－4 国民经济规划推动高质量发展的"过程"控制机制

资料来源：笔者绘制。

3. 国民经济规划为政府提供高质量发展措施

我国长期以来遵循的粗放式经济增长模式导致各级政府缺乏高质量发展建设的实践经验和有效措施。"无路可循"是我国政府在推动高质量发展建设中存在的不可忽视的问题。国民经济规划纲要从第二篇开始是政府对各领域发展提出的任务安排。国家发展规划中的重点任务通过逐级分解,成为各级地方政府的具体行动方案和工作计划。由此,国民经济规划为各级政府推动高质量发展提供了发展措施(见图2-5)。

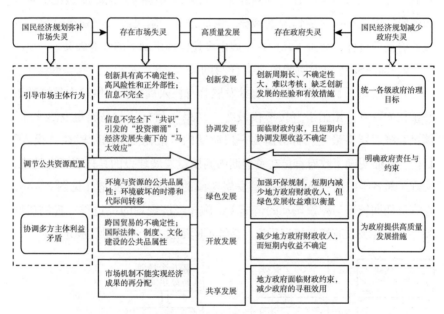

图2-5 国民经济规划推动高质量发展的必要性理论框架

资料来源:笔者绘制。

二、国民经济规划推动高质量发展的路径

国民经济规划政策文本是政府规划管理的政策依据。从政策文本的内容构成看,国民经济规划主要包括发展理念、发展目标与具体的任务安排(武力,2010)。对此,本章从国民经济规划政策文本解构的视角

为国民经济规划推动高质量发展找寻具体路径（见图2－6）。

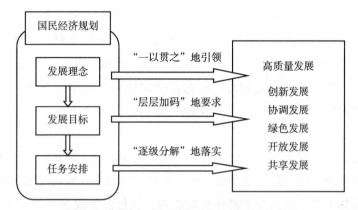

图2－6 国民经济规划推动高质量发展的路径

资料来源：笔者绘制。

（一）国民经济规划的发展理念推动高质量发展

发展理念是国民经济规划的总方向和总原则（林木西等，2018），规划中发展目标和任务安排的制定与执行必须以发展理念为基本遵循。国民经济规划的发展理念是各级国民经济规划"一以贯之"的发展原则，也是制定总体规划、专项规划和区域规划必须始终坚持的发展原则。

国民经济规划的发展理念是党和政府对"发展什么、如何发展"的集中回答，是当前国家经济体制转型、社会制度变迁和发展方式转换的方向和原则。从本质上看，国民经济规划的发展理念是一段时期内党和政府发展观的体现。国民经济规划发展理念的演变充分体现了党和政府发展观的转变。新中国成立至2005年，我国规划的发展理念可以划分为"一五"至"五五"时期的"多快好省发展观"、"六五"至"七五"时期的"经济增长效率观"、"八五"至"十五"时期的"可持续发展观"。2003年，我国首次提出了科学发展观，坚持与贯彻落实科学发展观成为引领我国经济社会发展和转变发展方式的基本原则。从"十一五"规划开始，我国制定并实施了第一个五年规划。从"计划"向"规划"的转变本质上是发展观的重大转变。"十一五"规划的发展理念是对科学发展观基本内涵的解读，"十二五"规划的发展理念强调了科学发展与转变发展方式的内在一致性，"十三五"规划的发展理念则是对科学发展提出了更高质量、更高效益的要求。从"十一五"规划到"十三五"规划，规划发展理念始终坚持贯彻科学发展观，同时随着规划的执行，党和政府对科学发展的内涵、方式和要求提出了更深刻的理解。

五大发展理念是对如何落实科学发展观提出的具体要求。因此，以五大发展理念引领高质量发展，其实质就是以科学发展观引领高质量发展。具体来看，以人为本的科学发展观，就是要实现共享与协调发展，让高质量发展的方向以人民利益为依据，让高质量发展的成果惠及全体社会成员；全面发展对高质量发展的领域和范围提出了要求，不仅要在经济领域实现高质量发展，也要使全社会方方面面实现高质量发展；科学发展观的协调发展是高质量发展理念中协调发展的基本依据；可持续发展是高质量发展中绿色发展理念的理论依据。科学发展观为实现高质量发展提供了基本依据和基本原则。由此来看，坚持与践行以科学发展观为发展理念的国民经济规划能推动我国高质量发展。

（二）国民经济规划的发展目标推动高质量发展

国民经济规划的发展目标是党和政府为实现发展战略，在发展理念的指引下对经济社会发展各领域提出的发展预期和具体要求。明确的规划发展目标为全体社会成员绘制了共同的愿景和蓝图，指明了未来奋斗的方向，能够形成社会合力，引导经济主体以规划的发展目标为方向进行资源配置。与此同时，国民经济规划是政府的核心公共政策，通过各级政府间的目标治理机制（鄢一龙，2013；夏能礼，2014），规划目标逐级分解，为各级政府提出了明确的要求，统一了各级政府的发展目标，加强了对各级政府施政行为的管理。

国民经济规划的目标体系包括主要目标和量化指标。规划的主要目标是党和政府以发展战略为导向，以发展理念为原则，对一段时期内国家发展状态的总体预期。"十一五"至"十三五"规划的主要目标可以视为对实现 2020 年全面建成小康社会百年目标的阶段性分解。"十一五"规划提出了"取得阶段性进展"的主要目标，"十二五"规划提出了"打下决定性基础"的主要目标，"十三五"规划提出了"确保如期完成"的主要目标。国民经济规划主要目标的设置，体现了党和政府对实现全面小康百年目标的谋划布局。

全面建成小康社会百年目标的实现，必然要求我国坚持科学发展观，由高速增长向高质量发展方式转型；与此同时，全面建成小康社会不只是对经济总量提出要求，更是要实现社会各领域的高水平、高质量的发展。因此，全面小康目标的实现是我国高质量发展的阶段性成果，两者具有高度的统一性。

国民经济规划的量化指标是对规划主要目标在各个领域的量化分解，是规划任务安排的数量体现。林木西等（2018）指出国民经济规划的量化指标具有信息引导、责任约束、评价考察与指标调控的功能。虽然"十一五""十二五""十三五"规划中量化指标的具体内容不完全相同，但从指标体系的内容构成看，历次五年规划的量化指标设置都体现了党和政府对创新、协调、绿色、开放以及共享发展提出的预期和要求。尤其是"十一五"以来，对指标属性的划分进一步加强了对各级政府资源环境、民生发展类指标完成情况的考察，是对全面小康总目标的具体分解。

由此来看，国民经济规划的发展目标为各级政府推动高质量发展提供了明确的目标和具体要求，为全社会转变发展方式、实现高质量发展提供了发展预期和目标导向。因此，国民经济规划的发展目标能够推动我国高质量发展。

（三）国民经济规划的任务安排推动高质量发展

国民经济规划中的重点项目和重大工程等任务安排是党和政府贯彻发展理念、实现规划目标的具体抓手。国家发展规划提出总体发展任务，各级各类规划通过对国家规划任务安排的逐级分解，形成各级政府的具体工作计划。国民经济规划的任务安排为各级政府提供了施政措施，明确了工作任务和责任。韩博天等（2013）通过对"十一五"规划中节能减排任务的案例分析，对我国国民经济规划任务安排的具体落实机制进行了阐释。他指出国家"十一五"规划只是对节能减排领域提出了重大节能项目，并未提出具体的实施方案。在实际执行中，中央进一步明确各省的减排目标，各级地方政府将减排总目标逐级分解，将具体任务逐级分配，由此逐级制定各专项规划和实施方案。国民经济规划任务安排通过各级政府的逐级发包、逐级分解，将任务安排落实为各级政府的具体职责，为各级政府施政行为提供了具体路径。

在国民经济规划纲要中，除第一篇和最后一篇外，其余各篇章是贯彻发展理念、为实现发展目标而制定的任务安排。"十一五"以来，国民经济规划逐步加强了政府在创新、协调、绿色、开放和共享发展领域的责任，因此国民经济规划中对上述领域均制定了具体的任务安排。这为政府推动高质量发展提供了具体的路径，是政府在高质量发展领域参与资源配置的具体行动方案，有效弥补了市场机制在公共服务领域资源配置的不足，对各主体利益矛盾进行了协调。

由此来看，国民经济规划的任务安排是贯彻发展理念、实现发展目标、推动高质量发展的具体抓手。

第四节　国民经济规划推动高质量发展实施机制的理论分析

一、国民经济规划推动高质量发展的政府治理机制

在我国，国民经济规划的实际执行人是各级地方政府官员，其行为选择外化为地方政府的施政行为。官员是理性的政治经济行为主体，在

以向上集中的官员治理体制（Landry，2008；Blanchard & Shleifer，2000）和财政分权（张军等，2007；傅勇等，2007）为主的政府治理体制下，政府官员行为选择受到政治晋升的激励与财政能力的约束。

（一）向上集中的官员治理体制

向上集中的官员治理体制是指上级党委和政府具有对下级官员考核和任免的权力。虽然考察我国的干部人事管理制度不是本章的研究目的，但是官员的任免和考核制度直接影响官员的施政行为，进而影响到国民经济规划的施政效果。因此，本节概述了改革开放以来我国官员任免制度和考核标准的基本情况。

我国向上集中的官员治理体制主要是在 1984 年官员任免制度改革中得到了强化。1984 年，我国官员任免制度从"下管两级"改成"下管一级"①。"下管一级"的任免制度看似下放了官员的管理权限，实际上"下管一级"的人事任命制度强化了上级政府对下级政府的控制，加强了中央对地方、上级对下级官员管理的向上集中。夏能礼（2014）在其博士论文中对此给出了具体的解释，他指出"下管两级"的官员人事管理制度存在跨级管理问题，加重了上下级间的信息不对称，降低了人事管理效率。"下管一级"的制度出台后，上级直接决定下级、一级控制一级，形成了层层紧扣、向上集中的官员管理制度。同时，他也指出我国的向上集中的官员治理体制为改革开放以来中央财政权和行政权的下放提供了稳定的政治基础。

改革开放以来，随着我国经济体制改革和发展方式的转变，我国的干部考核标准也发生了适应性转变，逐步形成了一套科学、合理、规范的干部考核标准（见表 2 - 1）。从 1982 年开始，我国废除了领导干部终身任职制，开始探索建立领导干部考察制和民主评议制。1988 年，

---

①　1984 年 4 月，中共中央书记处在讨论中央组织部工作时明确指出，要适当下放人事管理权，中央原则上只管下一级主要领导干部，各级地方政府也要执行"下管一级"的人事管理制度。

我国建立了领导干部年度绩效考核制度，出台了具体的考核方案，明确提出将 GDP、税收、工业产值等指标纳入官员绩效考核标准中①。此后，经济发展情况成为我国各级政府官员的核心考核指标。1998 年，我国出台了《党政领导干部考核暂行规定》，初步形成了"德、能、勤、绩、廉"多维绩效考核指标体系。在实际考察执行中，对领导干部的绩效考核仍以经济绩效为主。为贯彻落实 2003 年提出的科学发展观，2006 年我国发布了《体现科学发展观要求的地方党政领导班子和领导干部综合考核评价试行办法》，该办法明确提出将科学发展观的执政能力作为对领导干部工作绩效考核的重点，尤其是明确提出要加强对国民经济规划中约束性指标的考核力度②。

表 2 – 1　　　　　　1978 年以来不同阶段我国干部考核情况

阶段	代表性文件	考核内容	考核重点
1978～1987 年	1979 年《关于实行干部考核制度的意见》等	坚持德才兼备选人原则，从德、能、勤、绩四个方面进行考核	从政治表现等主观标注向侧重干部工作成绩等可量化的客观指标转变
1988～1997 年	1988 年《关于试行地方党政领导干部年度工作考核制度的通知》；1989 年《中央、国家机关司处级领导干部年度工作考核方案（试行）》等	首次将税收、工业总产值、基础设施投资农业产量等指标纳入干部考核指标范围	重点考察 GDP 和税收等与经济增长有关的能够量化的指标
1998～2002 年	1998 年《党政领导干部考核工作暂行规定》；2000 年《深入干部人事制度改革纲要》；2002 年《党政领导干部选拔任用工作条例》等	思想政治素质、工作作风、组织领导能力、廉洁自律、工作实绩五方面	全面考察干部德、能、勤、绩、廉的情况

---

① 1988 年 6 月，中央组织部印发并实施《关于试行地方党政领导干部年度工作考核制度的通知》。

② 2006 年 7 月，中央组织部印发并实施《体现科学发展观要求的地方党政领导班子和领导干部综合考核评价试行办法》。

阶段	代表性文件	考核内容	考核重点
2003~2020 年	2006 年《体现科学发展观要求的地方党政领导班子和领导干部综合考核评价试行办法》；2009 年《关于建立促进科学发展的党政领导班子和领导干部考核评价机制的意见》等	考核内容：干部联系本地实际贯彻落实科学发展观的自觉性和坚定性，考核发展速度、发展质量、发展成本、思想道德等 14 个方面	侧重考察科学发展观的执政落实能力，强调民生发展、环境保护等约束性指标的考核力度

资料来源：笔者根据中组部颁发的干部考核材料整理。

总体来看，我国政府治理体制呈现高度向上集中的特征。改革开放以来，虽然我国政府治理体制不断发生调整，但中央政府始终保持对干部人事管理的绝对权威，不断调整变化的只是考核标准和考核方式。纵观我国官员考核标准的演变规律，可以发现官员考核标准始终与国家发展理念、发展目标和发展战略保持高度的一致。尤其是 2006 年以来，我国在官员考核标准文件中明确提出了考察官员贯彻落实科学发展观的执政能力。这一方面佐证了各级政府对于推动我国经济发展建设的重要性，另一方面也体现了我国动员各级政府官员积极执政、加快转变发展方式的政治决心。

(二) 财政分权体制

财政能力是地方政府行为的经济基础 (Zhuravskaya, 2000)。因此，在研究我国地方政府行为时，必须考察我国的财政体制对政府行为的影响。改革开放以来，我国的财政体制逐步进行改革以适应经济社会发展需要。1980 年，我国财政体制进行了最具历史意义的改革，重新调整了中央与地方各级政府的财政收支关系，实现了从"大锅饭"模式到"分灶吃饭"模式的突破。此后，我国中央政府的财政能力被弱化，而地方政府的财政能力得到显著提升。在此时期，"全能型"的地方政府对于推动我国经济快速增长功不可没。然而，地方政府过度投入于经济建设，造成了地方保护主义盛行、资源配置失调、产业结构同构等经济社会发展弊端（Oi，1992；Walder，1995；Albert et al.，1996）。

1994 年，我国开始实施"分税制"改革，改革内容主要包括以下几个方面：其一，按照税种划分央地政府间的税收收入。这项改革加强了中央政府的财政能力与经济调控力。其二，重新对央地间的事权责任进行了划分。这项改革增加了地方政府事权的支出责任。此后，我国地方政府财政支出占全国财政总支出的比重大幅提高。其三，初步建立了分级预算制度，一定程度地加强了对地方政府的预算约束。地方政府开始主动进行财政资源管理，减少盲目投资和重复建设。"分税制"改革的重要意义在于成功建立了中央与地方间激励相容的财政体制，为中央政府和地方政府间的税收竞争提供了正和博弈机制。1994 年的"分税制"改革常被学术界视为我国经济高速增长的"推进器"（He & Sun，2014）。但随着我国经济社会的发展，"分税制"下央地间财权和事权不匹配的矛盾日渐凸显。2016 年，我国探索进一步深化财政体制改革，启动税收"营改增"政策，重新调整了各级政府间的事权责任。此次调整提高了中央政府的支出责任，一定程度上缓解了地方政府的财政压力。

"分税制"下的财政分权体制，一方面为地方政府开展地区经济发展建设提供了财力支撑，地方政府能够运用所掌握的财政资源，引导社会资源配置，影响地区经济发展；另一方面，1994～2016 年，财权事权不匹配加剧了地方政府的财政资源约束，地方政府必须对财政资源进行主动管理，选择性配置财政资源，造成了我国地方政府的财政支出呈现显著的结构性偏好。

（三）发展规划体系的高度一致性

发展规划权是指中央政府和各级地方政府享有的对国家和地方经济发展进行科学合理规划，决定发展观念、发展方向、发展道路、发展方式和措施的权力。发展规划权既是党和政府面向未来的发展权，又是综合解决经济社会发展问题的规划权。政治权是发展规划权得以实现的基本保障，发展规划权是政府治国理政的一项基本执政权。新中国成立以来，我国发展规划权在权力的不同维度上均发生了较大变化，体现为发展观念与时俱进、发展方向逐步清晰、发展道路逐步明确、发展目标更加合理、发展措施更加科学化（见表2－2）。

表2－2　　　　　新中国成立以来不同阶段发展规划权变化情况

	1949～1978年	1979～1990年	1991～2005年	2006～2020年
发展观念	"多快好省"发展观	经济增长效率观	可持续发展观	科学发展观
发展方向	社会主义计划经济	有计划的商品经济	社会主义市场经济	社会主义市场经济
发展道路	传统的社会主义道路	中国特色社会主义道路	中国特色的社会主义道路	中国特色的社会主义道路
发展目标	赶超英美，实现"四个现代化"目标	经济增长比1980年翻一番，人民生活实现温饱目标，实现中国式现代化	经济增长比1980年翻两番，人民生活总体小康，四化建设上台阶	实现2020年全面建成小康社会目标
发展措施	通过全能计划进行大跃进生产、冒进生产	以指令性计划为主，结合指导性计划，逐渐向地方放权	以指导性计划为主，结合指令性计划，转变经济发展方式	转变政府职能，以预期性和约束性指标实施宏观调控措施
发展计划（规）划	"一五"至"五五"计划	"六五"计划、"七五"计划	"八五"计划至"十五"计划	"十一五"规划至"十三五"规划

資料来源：根据历次国家五年计划、五年规划纲要整理。

在我国，发展规划体系具有高度一致性的特征。制定发展规划是行使发展规划权的重要表现。在我国，国民经济规划的制定采取"分层决策、纵向引导"的原则，各级政府部门分级编制国民经济规划，通过党代会制度传达、沟通，确保在各级党委的领导下，地方发展规划服从于国家发展规划。与此同时，为了调动地方经济发展的自主性和积极性，允许各级地方政府根据本地经济发展的实际情况，依照国家发展规划，在不冲突的原则下，适当调整制定体现本地发展需要的发展规划（Chung et al.，2009）。

整体来看，我国的国民经济规划体系在发展理念、发展目标和任务安排上体现了发展规划体系的高度一致性特征，表现为在国民经济规划体系中发展理念的"一以贯之"、发展目标的"层层加码"、任务安排的"逐级分解"（见图2－7）。

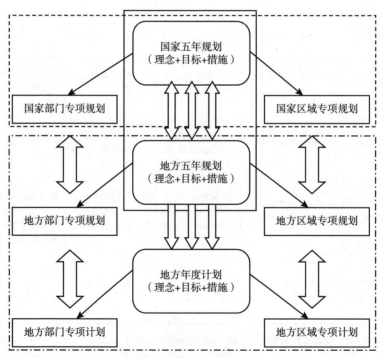

图2－7　国民经济规划体系

资料来源：笔者绘制。

（四）国民经济规划体系与政府治理体制的绞合机制

在我国，国民经济规划的制定在发展理念、发展目标与任务安排上具有高度集权的特征。国民经济规划的实施则依赖于各级地方政府对规划的发展理念、发展目标和任务安排的贯彻落实。作为规划实际执行人的地方政府官员是理性的政治经济行为主体，其行为选择外化为地方政府的施政行为。在以向上集中的官员治理体制和财政分权（张军等，2007；傅勇等，2007）为主的政府治理体制下，政府官员行为选择受到政治晋升的激励与财政能力的约束。国民经济规划体系与政府治理体制相互绞合，一方面表现为向上集中的官员治理体制下的目标治理机制，另一方面表现为财政分权体制下的资源约束机制（见图2－8）。

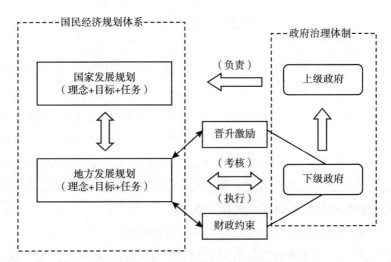

图2－8　国民经济规划体系与政府治理体制的绞合机制

资料来源：笔者绘制。

国民经济规划体系与向上集中的官员治理体制绞合形成了目标治理机制，表现为国民经济规划为官员选拔、任用提供了治理标准和施政目标。与此同时，向上集中的官员治理体制强化了各级国民经济规划在发展理念、发展目标上的一致性，也保证了各级规划中重点任务的有效落实。

20世纪80年代，我国发展规划权与政治权尝试初步融合，部分地区的地方政府将经济增长目标纳入干部考核指标中，由此形成了目标责任制。20世纪90年代开始，我国的发展规划权与政治权紧密融合，干部绩效考核普遍采取目标责任制（Rothstein，2015）。在目标责任制中，上级政府将发展目标分解和细化为对下级政府官员的考核依据，官员能否完成上级确定的经济增长目标成为干部提拔和任免的重要依据，以此实现了对各级领导干部行为的约束和指导（Latham et al.，2008）。

从2003年科学发展观提出后，我国官员的考核标准从以经济建设为主转向落实科学发展观的执政能力。尤其是从"十一五"开始，中央政府加强了对地方政府规划完成情况的考察与评估，逐步形成了我国的目标治理机制。在目标治理机制下，中央政府的发展理念与发展目标通过国民经济规划体系进行层层分解，构成了地方政府的发展理念、发展目标、年度计划和具体任务。地方政府能否积极施政、实现国民经济规划的目标，依赖于上级政府对下级政府官员目标完成情况的评估、考核以及奖惩机制。向上集中的官员治理体制为地方官员迎合与满足上级发展目标提供了强大的晋升激励，地方官员为获得政治晋升而积极执政（Blanchard & Shleifer，2000）。目标治理机制是党和政府推进发展规划有效实施的重要保障，也是干部考核治理的核心载体，是我国动员各级政府积极推动经济发展建设的制度优势。

国民经济规划体系与财政分权体制绞合形成了资源约束机制，一方面表现为国民经济规划的执行需要财政资金作为规划落实的基本保障；另一方面，在财政分权体制下，地方政府需要通过实施国民经济规划，推动地方经济发展建设，以此获得政府的财政资源（见图2-8）。

20世纪90年代至21世纪初，以经济增长为目标的国民经济规划体系与财政分权体制绞合形成了中央与地方间的激励相容机制。地方政府成为这一时期我国经济高速度增长不可忽视的推动力量。大量学者对这一时期的研究表明，财政分权为地方政府推动经济增长提供了财政激励（傅勇，2010；陶然等，2009）。也有学者的研究论证了在经济增长目标下，地方政府的财政支出结构呈现重基础设施建设轻民生改善的结构性偏好（马光荣等，2010）。

"十一五"以来，国民经济规划加强了政府投入于民生发展项目、环境保护项目、基础科技项目等的要求和责任。这些项目的实施需要政府财政的引导与推动。由此来看，地方政府的财政能力是国民经济规划有效实施的财政保障。另外，近年来地方政府的事权责任不断加大，用于教育、科技、社保、环保领域的支出占比不断提高。这些具有较强的"公共服务性"的财政支出，短期内难以为地方政府带来显著的财政收益。由此来看，地方政府的财政能力是实施国民经济规划不可忽视的资源约束（范子英等，2009；辛方坤，2014）。

二、国民经济规划推动高质量发展的市场机制

（一）市场化改革的历史进程

党的十一届三中全会的召开吹响了中国经济改革的时代号角。探索如何将市场机制与社会主义基本经济制度结合，是我国经济改革的主旋律（杨志平，2009）。随着我国市场化改革的持续推进与不断深入，社会主义市场经济体制在实践摸索中逐步建立与完善。从1978年至今，市场机制逐步融入国民经济发展的各方面、各领域和各行业中，对我国产品市场和要素市场的资源配置方式、政府职能转型、公共政策实施、法治环境建设等产生了深远的影响。

（二）市场化改革对于国民经济规划实施的必要性

国民经济规划是我国政府参与经济社会发展建设最核心的公共政策。国民经济规划目标能否实现、规划制定的任务安排能否完成，实质上是政府公共政策能否有效实施的问题。公共政策的实施效果取决于政策实施的方向和效率。对于国民经济规划而言，各级政府实施规划的方向和效率是决定国民经济规划施政效果的两个重要方面（见图2-9）。各级地方政府官员作为国民经济规划的实际执行主体，其施政行为取决于官员对晋升效用、收入效用和腐败效用的权衡（Frye & Shleifer，

1997)。因此，官员的政绩评估体系是否完善、对政府官员行为的约束是否有效以及能否提高政府管理效率是决定国民经济规划施政方向是否偏离目标以及施政效率高低的重要因素。市场化改革持续推进，将市场机制引入公共政策的执行中，有助于完善政绩评估体系和考核机制，有助于加强对政府官员行为的约束，有助于提高政府管理效率。

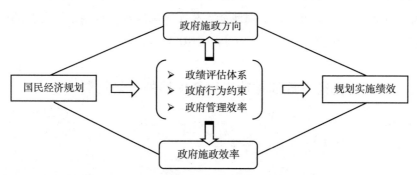

图 2 - 9　影响国民经济规划施政效果的主要因素

资料来源：笔者绘制。

（三）市场化改革对于国民经济规划实施的影响

1. 规范国民经济规划的实施方向

其一，市场化改革通过加强法治环境建设，使政府行政管理和公共政策的实施过程有了法律依据。法律和行政条例等正规化的制度设置明确了各级政府的权力界限，强化了对官员权力滥用的惩罚和约束，能够有效减少政府官员以权谋私等腐败行为的发生。与此同时，规范的考核、评价和奖励制度强化了各级政府官员完成规划的责任和激励，从而提高了官员实施国民经济规划的积极性。由此来看，市场化改革通过立法、出台行政条例等确立正式制度的方式，加强了对政府官员实施国民经济规划的有效监督，规范了国民经济规划的实施方向。

其二，市场化改革提高了国民经济规划实施中的公众参与度。国民经济规划的实施是依靠各级政府制定的一系列公共政策实现的。政府公共政策的制定与实施是一个错综复杂的过程，市场化改革让政府政策的制定更具有透明性，有益于建立科学民主的政策决策机制，提高政府决策制定的科学性。与此同时，公众的广泛参与能够使政策的制定全面考虑公众的意见，使政府政策最大限度地满足公众的真实需要，从而规范国民经济规划的实施方向。

其三，市场化改革提高了公众对政府实施国民经济规划的监督。公众具有监督政府行为的直接激励。由于公众群体基础大，畅通社会监督渠道能够形成更全面的、更有效的监督机制，降低政府施政行为的信息不对称，减少道德风险行为发生的可能。市场化改革通过发挥社会监督力量，规范了政府实施国民经济规划的方向。

2. 提高国民经济规划的实施效率

市场化改革实质上是提高市场的资源配置能力。国民经济规划是政府参与资源配置的政策工具，政府通过实施规划中的重点任务和重大工程项目，实现规划目标。随着市场化改革的不断深入，我国的重点任务和重大工程组织模式不断演化，从政府直接投资和直接管理逐步向投资主体、实施主体多元化以及运行管理机制的市场化转型。

随着我国法人制度、招投标制度的确立与完善，重点任务和重大工程组织模式得以创新和演化，形成了项目招投标制、项目代建制、政府和社会资本合作制（PPP模式）等"政府—市场"二元作用机制（乐云等，2019）。"政府—市场"二元组织模式中政府和市场的作用关系体现为同时发挥政府的引导作用和市场机制的资源配置优势，有效解决了单纯依靠政府或者市场的局限性，提高了国民经济规划项目的执行效率（Ostrom et al.，1961；Williamson，1979；Hart et al.，1997）。

政府在重大工程项目的发起和执行中具有不可或缺的主导地位。2020年2月抗击新冠肺炎疫情中武汉火神山医院和雷神山医院的快速建成，就是发挥了我国政府主导项目建设的制度特色，充分展现了我国"集中力量办大事"的制度优势。市场机制通过竞争机制能够使项目实施中各方面资源得到最优化和最高效配置。苏通大桥建设中的"省部协调领导、专家技术支持、公司筹集资金、指挥部建设管理"的组织模式，就充分发挥了市场机制的资源配置优势（盛昭瀚等，2009）。

综上所述，虽然国民经济规划的目标之一是弥补市场失灵问题，但方式不是政府直接进行指令性的计划管理，而是进行战略性的宏观管理。市场化意味着更透明、更高效的政府治理模式，能够为更有效发挥公众参与和监督提供良好的社会环境。无论是国民经济规划目标的实现，还是主要任务和重点项目的有效执行，都要充分重视市场机制，发挥市场的监督机制和竞争机制，提高国民经济规划的施政效果。

第五节　本章小结

本章首先对国民经济规划与高质量发展的概念背景进行了系统梳理，并对两个概念的内涵进行了界定；其次，系统论述了市场失灵理论、政府失灵理论与发展规划理论。在此基础上，本章对国民经济规划在推动高质量发展中的作用与实施机制进行了理论构建。

从必要性上看，本章基于对高质量发展内涵的解读，从高质量发展的五大领域出发，论述了高质量发展中存在市场失灵和政府失灵。国民经济规划一方面能够通过引导市场主体行为、调节公共资源配置、协调利益矛盾来弥补市场失灵；另一方面可以通过统一各级政府治理目标、明确各级政府的责任与约束以及为政府提供高质量发展的具体措施，减少高质量发展中的政府失灵。由此，本章论证了国民经济规划对推动高质量发展的必要性。

在具体路径的分析上，本章基于国民经济规划理论，从国民经济规划文本内容结构的视角为国民经济规划推动高质量发展找寻了发展理念路径、发展目标路径以及任务安排路径。

在实施机制上，本章从政府官员治理和市场化改革两个方面着手，分析国民经济规划推动高质量发展的实施机制。在政府治理机制的分析中，本章系统论述了我国向上集中的官员治理体制、财政分权和发展规划体系的高度一致性，并在此基础上分析了国民经济规划体系与政府治理体制的绞合机制，从而提出国民经济规划推动高质量发展的目标治理机制和资源约束机制。在市场机制分析中，本章系统梳理了我国市场化改革的历史进程，论述了市场化改革对于国民经济规划实施的必要性，并从规范国民经济规划的实施方向与提高规划实施效率两个方面，论述了市场化改革对于国民经济规划施政效果的影响。

上述研究为本书的理论机制分析，在本书接下来的各章中，将对第二章构建的上述理论进行系统的实证检验。第三章采用统计性实证分析方法，试图寻找国民经济规划与高质量发展变动规律相关的经验性证据。第四章采用计量实证方法，从规划的发展理念、发展目标和任务安排三个方面，实证检验国民经济规划对推动高质量的积极作用。第五章和第六章分别从政府治理和市场机制两个方面，实证检验本章提出的国民经济规划推动高质量发展的实施机制。

第三章

国民经济规划与高质量
发展的状况分析

第一节　国民经济规划的制定与实施情况分析

一、国民经济规划的历史溯源与演进规律

本章以改革开放和"十一五"规划的实施作为关键节点,将国民经济规划发展史划分为改革开放前五年计划期、改革开放后五年计划期以及国民经济规划期,对"一五"计划至"十三五"规划进行了系统的梳理,溯源国民经济规划的转变历程,总结国民经济规划演进的主要规律。

(一) 改革开放前国民经济计划的历史演变

1953 年到改革开放前,我国共实施了五个五年计划。在此时期,我国处于严格的计划经济体制中,国民经济计划是党和政府对国家发展制定的行政指令性计划。

1. "一五"计划（1953～1957年）

"一五"计划是我国制定和实施的第一个国民经济计划，是在编制过程中逐步开始实施的，具有开创性的历史意义。1951年，国家就已经授权中央人民政府政务院财政经济委员会启动国民经济计划的编纂工作，1952年便形成了计划草案，1953年中央正式发布了"一五"计划提要并开始实施我国的第一个五年计划。在"一五"计划实施的第二年，中央正式成立了五年计划编制小组。经过多次修改，"一五"计划经由1955年7月召开的第一届全国人大二次会议审议通过，标志着我国第一个五年计划的制定工作正式完成。"一五"计划的目标是加快实现社会主义工业化。在"一五"计划实施期间，我国的国民经济高速增长，年均增速达到8.9%，远高于20世纪50年代同期独立的发展中国家。"一五"时期，我国的生产力大幅提高，为我国的工业化发展奠定了重要基础。与此同时，我国的社会主义生产关系初步确立，基本形成了计划经济体制。总的来看，"一五"计划的实施取得了较大成功，但是也存在一定的不合理之处，甚至为我国后期的发展埋下了隐患。首先，从产业发展看，由于"一五"时期我国对工业的投资远远超过农业，造成我国工业、农业的产业发展比例不协调；其次，为加快我国的工业化建设，"一五"时期我国的基建投资增速过快，导致国家财政极度紧张。

2. "二五"计划（1958～1962年）

在总结"一五"计划制定和实施经验的基础上，"二五"计划的目标突出反映了我国想要提高落后生产力的迫切愿望，导致大部分目标的设置严重脱离了我国社会生产发展的实际。1958年8月，北戴河会议表决通过了《关于第二个五年计划的意见》，然而严重脱离实际的目标在实际执行中难以完成，导致我国经济发展遭到重挫，国民经济结构严重失调。1963～1965年期间，党和政府决定对国民经济进行整顿调整，以此重新为未来发展创造扎实的经济社会发展基础。

3. "三五"计划（1966～1970年）

三年国民经济恢复调整后，我国启动实施"三五"计划。基于对当时国际局势的预估，"三五"计划立足于全面备战和国防建设的战略背景，提出加快"三线建设"。然而，"三五"计划的执行正处于国内特殊的政治历史时期，计划的执行被严重打乱，甚至国家计划委员会和各地方计划部门的工作一度被搁置。由于三年国民经济调整期间奠定了较好的经济基础，1970年底，"三五"计划制定的指标基本实现。然而，盲目追求高速度、高积累为以后的国民经济发展设置了障碍。

4."四五"计划（1971~1975年）

1970年，我国开始制定"四五"计划，但是由于当时国内特殊的政治经济形势，我国仅制定了"四五"计划草案，并没有出台正式的"四五"计划。"四五"计划草案仍然延续了"三五"计划的发展战略，以全面备战和国防建设为背景。与"三五"计划相比，"四五"计划中进一步加强了对国民经济增长目标的要求，虽然提出了较为完整的经济增长目标，但是由于目标设置严重偏离了发展实际，片面追求经济增长的高速度造成了计划执行遭受严重挫折。1973年，党和政府根据发展的实际情况，对计划目标进行了修改，不仅将部分目标的预期值进行调减，同时也减少了对于备战经济指标的考察。由此开始，我国国民经济发展态势逐步好转。1973年各项主要经济指标都完成和突破了计划，并且是"一五"时期以来我国经济增长最快的一年。

5."五五"计划（1976~1980年）

1975年，中共中央制定了《1976-1985年发展国民经济十年规划纲要（草案）》，部署了"五五"计划。由于发展目标设置严重脱离实际，导致国民经济建设遭到重挫。党的十一届三中全会以后，国民经济处于全面调整时期，党和政府坚持实事求是的指导思想，对"五五"计划指标相应做了较大幅度的调整，提出压缩基本建设投资，降低重工业增长速度，努力发展农业、轻工业的目标。1980年底，国民经济主要比例关系开始改善，生产和建设也取得较大发展。

（二）改革开放后国民经济计划的历史演变

改革开放后，在实事求是的思想路线引领下，五年计划的制定更能够反映我国经济社会发展的实际情况。与此相应，五年计划的实施效果也明显好转。

1. "六五"计划（1981～1985年）

1980年2月，国务院决定重新制定中长期计划，酝酿编制"六五"计划。在认真总结过去社会主义建设经验与全面分析当前国民经济和社会发展现状的基础上，按照党的十二大提出的战略部署，1982年12月全国人大五届五次会议正式批准"六五"计划。"六五"计划是继"一五"计划后的一个比较完备的五年计划，是在调整中使国民经济走上稳步发展的健康轨道的五年计划。这一时期国民经济持续、快速、稳定增长，各项经济指标以超额近两倍完成，如"六五"时期经济增速高达10.7%，社会总产值增长率为11%，国民收入增长率为9.7%。"六五"期间不仅经济发展迅速，社会事业也迎来了新的发展，如高等教育发展进入了一个黄金时期，高等院校在校生数增加了55.9万人，完成计划的358%。总体来看，"六五"计划的实施获得了较大成功，但是也存在一些问题，特别是从1984年下半年开始，我国出现了较为严重的通货膨胀。经济生活中出现了一些新的不稳定因素。

2. "七五"计划（1986～1990年）

1983年，国务院就已经开始组织筹备"七五"计划的制定工作。1985年上半年拟订了《中共中央关于制定国民经济和社会发展第七个五年计划的建议》。1986年3月，"七五"计划经六届人大四次会议审议批准并开始正式实施。"七五"计划的核心任务是进一步为经济体制改革创造良好的经济环境和社会环境，为形成有中国特色的社会主义市场经济体制奠定基础。"七五"计划的执行出现了一定程度的波动，1986年到1988年9月，经济发展持续过热，不稳定因素增加，后一阶段从1988年9月到1990年，为经济的治理整顿时期。但总体而言，"七五"期间国民经济建设仍取得了举世瞩目的成就，不仅保持了经济的适度发展，还提前实现了"三步走"的第一个目标。值得注意的是，从"七五"计划起，我国国民经济计划的制定流程和管理方式逐步开始制度化和正规化。

3. "八五"计划（1991～1995年）

1990年12月30日，党的十三届七中全会讨论并通过了《中共中央关于制定国民经济和社会发展十年规划和"八五"计划的建议》。1991年4月9日，第七届全国人民代表大会第四次会议批准了《中华人民共和国国民经济和社会发展十年规划和第八个五年计划纲要》。这一纲要把10年远景规划和5年中期安排结合起来，从实现20世纪末战略目标的要求出发来制定"八五"计划。1993年，国家计委对"八五"计划中国民经济增速、产业结构、对外贸易、利用外资、固定资产投资等目标进行了调整。"八五"期间，国民经济持续快速增长，提前5年实现了经济总量比1980年翻两番的战略目标。1995年国民生产总值达57650亿元，扣除物价因素，是1980年的4.3倍，比1990年增长了75.9%，年均增长12%。总体来看，"八五"计划的实施取得了理想的效果，一方面使国民经济保持了稳定的增长态势，另一方面在此阶段我国的经济体制改革也取得了较大进展。

4. "九五"计划（1996～2000年）

1995年9月25日至28日，党的十四届五中全会在北京审议并通过了《中共中央关于制定国民经济和社会发展"九五"计划和2010年远景目标的建议》。1996年3月，全国人大八届四次会议通过了《国民经济和社会发展"九五"计划和2010年远景目标纲要》。这是中国社会主义市场经济体制下的第一个中长期计划，是一个跨世纪的发展规划。"九五"期间国民经济和社会发展的主要目标确定为全面实现"三步走"战略目标的第二步，并为第三步目标奠定发展基础。"九五"期末，国民经济计划的各项发展目标基本实现，不仅成功解决了"八五"时期造成的通货膨胀问题，同时也成功应对了亚洲金融危机，充分展现了中国经济发展的稳定性和韧性。

5. "十五"计划（2001～2005年）

2000年10月11日，中国共产党第十五届中央委员会第五次全体会议审议通过了《中共中央关于制定国民经济和社会发展第十个五年计划的建议》。2001年3月，全国人大九届四次会议通过了《国民经济和社会发展第十个五年计划纲要》。"十五"计划强调,从 21 世纪开始,我国将进入全面建设小康社会、加快推进社会主义现代化的新发展阶段。实际上,随着我国体制机制改革的逐步推进,"十五"计划便不再呈现行政指令性特征。"十五"时期,我国成功加入了 WTO,国际国内市场资源的充分利用使我国的国民经济实现了快速发展,2003 年便提前完成了"十五"计划提出的人均 GDP 目标。与此同时,我国的经济体制改革进一步深入,社会主义民主法治建设取得了较大发展。

(三)"十一五"规划以来国民经济规划的历史演变

为更好地发挥市场对资源配置的基础性作用,我国开始逐步转变政府宏观管理方式。2006 年起,我国不再实施行政指令性的国民经济计划,开始实施国民经济规划。

1. "十一五"规划(2006~2010 年)

2005 年 10 月,中国共产党第十六届中央委员会第五次全体会议通过了《中共中央关于制定国民经济和社会发展第十一个五年规划的建议》。2006 年 3 月,十届全国人大四次会议表决通过了《国民经济和社会发展第十一个五年规划纲要》。从"十一五"开始,"规划"代替了沿用多年的"计划"一词。这反映了我国政府在规划管理方面的制度创新,体现了市场与政府"双轮驱动"发展的制度特色。"十一五"规划不仅对经济发展提出了增长速度、结构调整等一系列发展目标,同时在科学发展理念的指引下,对资源环境建设、科技教育等领域提出了具体的目标,并首次采用约束性指标制度,强化了对于社会发展类指标的完成要求,体现了我国贯彻科学发展观、实现全面小康的决心。"十一五"时期,我国经济保持平稳快速增长,成功应对了 2008 年的世界金融危机。

2. "十二五"规划(2011~2015 年)

2010 年 10 月,中共中央第十七届五中全会通过了《关于制定国民经济和社会发展第十二个五年规划的建议》。2011 年 3 月 14 日,十一届全国人大四次会议审议通过了《中华人民共和国国民经济和社会发展第十二个五年规划纲要》。"十二五"规划以形成科学发展方式为主线,绘制了集经济、科技、环境等全面发展的宏伟蓝图。总体来看,"十二五"规划目标基本完成,在此期间我国经济增速有所减缓,但经济发展和生态建设取得了显著成就,发展方式转变取得了巨大进展,经济发展进入了"新常态"。

3. "十三五"规划(2016~2020年)

2015年10月,中国共产党第十八届中央委员会第五次全体会议审议通过了《中共中央关于制定国民经济和社会发展第十三个五年规划的建议》。2016年3月16日,十二届全国人大四次会议审议通过了《国民经济和社会发展第十三个五年规划纲要》。"十三五"规划既继承了"十一五"规划和"十二五"规划的发展主线,同时结合"新常态"时期我国发展的新趋势、新特征,对经济、政治、文化等全方位发展、对全面建成小康社会的决胜阶段提出了具体目标和任务。"十三五"规划执行进展顺利,其中许多重要经济社会指标提前完成,经济社会发展表现突出,创新能力增强,生态建设取得明显进展,人民生活显著改善,全面建成小康社会的宏伟目标顺利实现。

(四)国民经济规划演进的主要规律

新中国成立以来国民经济规划发展史见证了中国经济社会发展的改革历程和取得的阶段成就。无论是十个五年计划还是贯彻落实科学发展观以来的三个五年规划,它们都基于特定的历史背景和发展阶段,以国家发展战略为导向,提出社会发展目标和发展任务,这是共同的逻辑基础。与此同时,从"一五"计划到"十三五"规划,国民经济规划的制度基础、制定方式、管理方式也在与时代同步演变,更加适应了我国改革发展的阶段性特征,更加适于实现我国改革发展的战略目标,更加有效地应对了我国社会发展的主要矛盾。概括起来,我国规划管理的转变规律主要体现在以下几个方面:

第一,规划的制度基础从计划经济转向社会主义市场经济。改革开放前的"一五"计划至"五五"计划突出体现了计划管理的两个特点:

其一体现在央地政府治理关系上，计划管理权限表现为"一放就乱、一乱就收、一收就死、一死就放"的周期性循环；其二体现在政府和企业的关系上，计划被认为是资源配置的唯一手段，企业生产经营缺乏自主性和内生动力。1978年后，我国在财税体制、企业制度、金融政策等领域开启了渐进式改革进程。市场对配置资源的作用不断凸显，政府职能不断转型。这些制度基础的转变，深刻影响了我国国民经济规划制定与实施的过程和效果，从根本上改变了国民经济规划发挥作用的方式。

第二，规划的制定方式更加规范化和科学化。我国规（计）划的制定在实践中不断摸索前行。改革开放前，受到国内政治经济形势的影响，计划制定的过程具有较强的随意性，计划的编制机构、编制流程都没有形成明确的规范和标准。从"八五"计划开始，我国逐步形成了较为规范的规（计）划制定流程。一般来说，在规（计）划实施的前一年，提前发布制定规（计）划的建议，在规（计）划实施的当年，经由全国人大审议后正式实施。除此之外，我国规（计）划的制定更加科学化，其内容更加体现了实事求是的指导思想。改革开放之前，我国五年计划突出体现了"赶超"发展的迫切愿望，计划目标严重脱离社会生产实际，导致我国经济发展不断受挫，目标难以实现，不得不多次在计划期内对计划目标进行调整。从"六五"计划开始，我国吸取改革开放前计划制定的经验教训，以经济社会发展的实际情况为依据制定规（计）划目标，更加科学地制定具体的发展任务。

第三，规划的实施方式更加尊重市场的作用。改革开放前，我国计划管理以行政指令性计划为主。一方面，用计划替代市场无法调动经济主体的积极性，经济发展缺乏活力和效率；另一方面，计划管理通常难以准确权衡国民经济发展的方方面面，过于僵化的资源配置方式往往造成了经济发展建设的扭曲。随着我国社会主义市场经济体制的逐步确立，市场机制的作用不断凸显，尤其是进入"十一五"以来，党和政府更加强调规划的宏观战略管理定位，强调有效市场和有为政府的"双轮驱动"，充分彰显了我国规划治国的制度优势。

二、国民经济规划的文本分析

(一) 国民经济规划的发展理念

国民经济规划的发展理念是国民经济规划的总方向和总原则（林木西等，2018），是经济体制、社会制度和发展方式的综合体现（曹普，2010）。国民经济规划的发展理念集中体现了党和政府对于"发展什么、怎样发展"的回答。

"十一五"时期，我国开始实施首个五年规划。从"计划"向"规划"的转变反映了发展观的重大转变（汪海波，2006）。"十一五"规划是自科学发展观提出以来我国执行的第一个五年规划。"十一五"规划首次提出了以科学发展理念统领经济社会发展。"十二五"规划的发展理念进一步强调了转变发展方式与践行科学发展观的内在一致性。"十三五"规划则对科学发展进一步提出了高质量、高效益的发展要求，同时也为如何实现高质量发展指明了具体路径，即创新发展、协调发展、绿色发展、开放发展和共享发展。

从"十一五"规划到"十三五"规划，国民经济规划的发展理念体现了党和政府对科学发展观的贯彻落实，也反映了党和政府对科学发展观、科学发展方式理解的进一步深入。三个五年规划的发展理念和主要目标如表 3 - 1 所示。

表 3 - 1　　　　　　　国家五年规划的发展理念与主要目标

国家五年规划	发展理念	主要目标
"十一五"规划	坚持以科学发展观统领经济社会发展全局	取得全面建设小康社会的重要阶段性进展
"十二五"规划	以科学发展为主题，以加快转变经济发展方式为主线	全面建成小康社会打下具有决定性意义的基础

续表

国家五年规划	发展理念	主要目标
"十三五"规划	坚持发展是第一要务,以提高发展质量和效益为中心,加快形成引领经济发展新常态的体制机制和发展方式	确保如期全面建成小康社会的总要求

资料来源: 笔者根据国家"十一五""十二五""十三五"规划纲要整理。

(二) 国民经济规划的发展目标

国民经济规划的目标是党和政府在规划发展理念的引领下,对国民经济各领域提出的发展预期。国民经济规划目标包括主要目标和量化指标。

1. 国民经济规划的主要目标

国民经济规划的主要目标是党和政府基于对世情、国情等经济发展基本情况的判断,以发展战略为导向,在发展理念的引领下,对一定时期内国民经济建设提出的总的发展预期和目标要求。从"十一五"至"十三五",国民经济规划设置的主要目标可以视为是对实现2020年全面建成小康社会百年目标的阶段性分解,分别提出了"取得阶段性进展""打下决定性基础""确保如期完成"的主要目标。三次五年规划中主要目标的设置充分体现了我国对实现全面建成小康社会百年目标的战略布局和政治决心。

全面建成小康社会与高质量发展具有高度统一性。一方面,全面建成小康社会百年目标的实现,必然要求我国坚持科学发展观,向高质量发展方式转型;另一方面,全面建成小康社会不只是对经济总量提出要求,更是要在科技、教育、文化以及社会民生等方方面面,实现更高水平、更高质量的发展。由此来看,全面小康目标的实现是我国高质量发展的阶段性成果。

由此来看,我国"十一五""十二五""十三五"规划的主要目标既是对实现全面建成小康社会总目标的阶段性分解,也是对实现高质量发展的具体要求。

2. 国民经济规划的量化指标

国民经济规划的量化指标是对国民经济规划主要目标的具体分解，是国民经济规划任务和内容顺利实现的重要保障。本章梳理了国家"十一五""十二五"和"十三五"规划的量化指标的设置结构。

"十一五"规划共设置了 22 项量化指标，其中只有 2 项为经济增长类指标，4 项指标涉及经济结构，其余指标为民生、环保等社会发展类指标。由此来看，"十一五"规划中非经济类指标总数占规划指标比重超过 70%。"十一五"规划中多元化的量化指标为我国政府贯彻科学发展观、转变发展方式提出了具体要求。

"十二五"规划共设置了 24 项量化指标，其中有 3 项指标为经济发展类指标（包含经济结构类指标），4 项指标涉及教育科技领域，8 项指标涉及环境保护和资源利用，与人民生活相关的公共服务类指标有 9 项。从"十二五"规划指标的设置结构看，24 项量化指标中非经济类指标占据 87.5%。在 3 项经济类指标中，只有 1 项指标与经济增长总量相关，另外 2 项为经济结构类指标。"十二五"规划量化指标的设置突出反映了我国不再仅追求经济高速增长，而是对科技教育、资源环境、人民生活等领域的发展提出了更强烈的要求。

"十三五"规划的量化指标体系共包括 25 项具体指标，经济类指标在"十二五"规划的基础上，增加了全员劳动生产率指标。这反映了"十三五"规划期，我国对于提高经济质量效益和实现经济结构平衡的要求与预期。除此之外，"十三五"规划中创新类指标有 4 项，资源环保类指标有 9 项，民生类指标有 7 项。"十三五"规划中量化指标的设置体现了对五大发展理念的贯彻落实。

除此之外，从"十一五"规划开始，我国对规划指标的属性进行了划分。"十一五"规划的约束性指标共 8 项，均为资源环境、人民生活类指标。"十二五"规划在"十一五"规划约束性指标的基础上，进一步增加了 4 项公共服务类约束性指标，强化了政府的公共服务职责。"十三五"规划指标中全部的资源环境类指标均为约束性指标。对规划指标属性的划分提高了对官员的考核要求，进一步加强了政府在资源环境、人民生活等领域的责任。

从"十一五"到"十三五",国民经济规划的量化指标虽然不完全相同,大类指标也有所变化,但是从规划指标体系的构成看,都涵盖了经济类、资源类、民生类指标,体现了党和政府贯彻科学发展理念、推动高质量发展的工作部署。对比来看,五年规划中量化指标的设置也有趋势性的变化特征,一方面体现为教育、创新、环境、民生领域指标数量的增加,另一方面体现为约束性指标比重增加,尤其是对资源环境和人民生活类指标加强了约束性指标要求。

(三) 国民经济规划的任务安排

国民经济规划通过布置主要任务、重大工程等任务安排,为实现规划目标提供了具体抓手。在本部分,笔者对国家"十三五"规划进行了文本分析,考察国民经济规划如何通过制定任务安排推动高质量发展建设。国家"十三五"规划纲要文本共有 20 篇,其中第一篇阐述了"十三五"规划的指导思想,预判了国民经济发展趋势并提出了规划的主要目标和具体的量化指标。最后一篇提出了规划实施的保障机制。除此之外的 18 个篇章均是为实现规划目标而制定的任务安排。

1. 创新发展的重点任务

"十三五"规划的第二篇围绕培育创新驱动力制定了一系列的任务安排,如科技创新力培育、科技人才培养、创新的体制机制保障等。国家"十三五"规划中制定的重大科技项目主要是在基础科研领域,比如航空发动机、脑科学、量子通信等。除此之外,国民经济规划在种业种植、煤炭高效利用、重点材料研发等领域也制定了九项重大科技工程(见表 3-2)。在科技人才培养领域,"十三五"规划制定了人才工程项目、英才计划等。

表 3 – 2　　国家"十三五"规划中重大科技项目与重大科技工程

重大科技项目	重大科技工程
航空发动机及燃气轮机	种业自主创新
深海空间站	煤炭清洁高效利用
量子通信与量子计算机	智能电网
脑科学与脑研究	天地一体化信息网络
国家网络空间安全	大数据
深空探测及空间飞行器在轨服务与维护系统	智能制造和机器人
	重点新材料研发及应用
	京津冀环境综合治理
	健康保障

资料来源：笔者根据国家"十三五"规划纲要整理。

2. 协调发展的重点任务

国家"十三五"规划第九篇对区域协调发展制定了重点任务安排。对于西部地区，"十三五"规划提出要结合绿色农业优势、文化旅游优势、提高资源利用和强化生态安全屏障等方面继续深入推进西部大开发战略；对于东北地区等老工业基地，"十三五"规划针对当前老工业基地发展的困境，提出从培育市场活力、加快结构调整、打造创新中心、支持资源型城市发展等方面继续推动东北振兴；对于中部地区，"十三五"规划提出继续推进城镇化建设和提高产业承接能力，促进中部地区崛起；对于东部地区，"十三五"规划继续强调了发挥东部地区的支撑引领作用和辐射带动作用。同时，规划也提出了建立"飞地经济"等区域合作机制，促进区域间发展的整体协调。与此同时，"十三五"规划着重强调了支持特殊类型地区发展的任务安排，包括对革命老区与沿边地区的铁路、公路建设、水电基础设施升级改造等；对于资源枯竭型地区、产业衰退地区提出了扶贫搬迁、矿区搬迁等具体计划；对于生态严重退化地区提出了生态修复治理任务（见表 3 – 3）。

表 3 – 3　　　　　国家"十三五"规划中特殊地区发展重大工程

特殊地区发展战略	重大工程
革命老区振兴发展行动	建设一批铁路、高速公路、支线机场、水利枢纽、能源、信息基础设施工程；大力实施天然林保护等生态工程；支持风电、水电等清洁能源开发；建设一批红色旅游精品线路
民族地区奔小康行动	推进人口较少民族整族整村精准脱贫；实施少数民族特色村镇保护与发展工程，重点建设一批少数民族特色村寨和民族风情小镇；支持少数民族传统手工艺品保护与发展
沿边地区开发开放行动	实施沿边地区交通基础设施改造提升工程；实施产业兴边工程，建设跨境旅游合作区；实施民生安边工程，实施动态边民补助机制
资源枯竭地区转型	重点发展一批接续替代产业，吸纳失业矿工、棚户区改造回迁居民再就业；加大力度实施独立工矿区改造搬迁工程，支持矿区基础设施建设，完成 100 个左右独立工矿区搬迁任务
产业衰退地区振兴发展	在具备条件的老工业城市建设一批产业转型升级示范区和示范园区；基本完成 100 个以上城区老工业区搬迁改造任务，统筹推进企业搬迁改造和新兴产业培育
生态严重退化地区转型发展	加快解决历史遗留的重点矿山地质环境治理，完成 750 万亩历史遗留矿山地质环境恢复治理任务；支持重点采煤沉陷区综合治理，完成 450 万亩采煤沉陷区综合治理任务

资料来源：笔者根据国家"十三五"规划纲要整理。

对于城乡协调发展，国家"十三五"规划第八篇第三十六章着重强调了发展特色县域经济，引导农村二、三产业集聚发展，加快对农村基础设施的改造升级，改善农村教育、医疗和社会治理环境等重点任务。除此之外，"十三五"规划部署了多项重大工程项目推进美丽乡村建设，如开展农村厕所革命、农村危房改造等。

3. 绿色发展的重点任务

"十三五"规划第十篇从主体功能区建设、资源集约利用、环境综合治理等方面，明确提出了改善生态环境的战略部署。在资源节约、集约利用领域，"十三五"规划在全民节能行动、节水行动等五大方面制定了重大工程项目（见表3-4）；在环境治理保护领域，"十三五"规划在工业污染源、大气环境治理等六个方面制定了重大工程项目（见表3-5）。

表3-4　　国家"十三五"规划中资源节约集约与循环利用重大工程

资源节约	重大工程
全民节能行动	推进节能产品和服务业进企业、进家庭；以六大高耗能行业为重点实施工业效能赶超计划；支持500家重点用能单位开展能效综合提升示范，开展绿色照明等重点工程
全民节水行动	在100个城市开展分区计量、漏水节能改造；鼓励中水替代、废水处理和再利用；推进五大高耗水业和园区节水改造；实施100个合同接水管理示范点；推广节水器具，鼓励居民更换不符合节水标准用水器具
建设用地节约集约利用	健全调查评价技术体系；建立涵盖城市、开发区、高校村镇的建设用地节约集约利用评价国家级数据库；推广应用节地技术和节地模式
绿色矿山与绿色矿业发展示范区建设	加快推进绿色矿山建设，着力推进技术、产业和管理模式创新，引导传统矿业转型升级；在资源富集、管理创新能力强的地区，选择50个重点地区开展绿色矿业发展示范区建设
循环发展引领	推动75%的国家级园区和50%的升级园区开展循环改造；建设50个工业废弃物综合利用产业基地；在100个地级及以上城市布局资源循环利用示范基地；建设城市废弃物在线回收、园区资源管理、废弃物交易平台

资料来源：笔者根据国家"十三五"规划纲要整理。

表3-5　　国家"十三五"规划中环境治理保护重点工程

环境治理	重点工程
工业污染源治理	对钢铁、水泥等行业不能达标企业进行改造；取缔不符合国家产业政策、污染严重的项目；限期改造工业园区污染处理设施等
大气环境治理	控制区域煤炭消费总量，推进重点城市"煤改气"工程，新增用气450亿立方米，替代燃煤锅炉18.9万蒸吨；开展石化及化工企业、加油站挥发性有机物综合整治

环境治理	重点工程
水环境治理	对江河源头及 378 个水质达到或优于三级标准的江河湖库实施严格保护；实施太湖、洞庭湖、滇池、巢湖等重点湖泊水污染综合治理；推进长江、黄河、珠江、松花江等七大重点领域综合治理；加大黑臭水体整治力度
土壤环境治理	开展土壤污染调查；完成 100 个农用地和 100 个建设用地污染治理试点；建设 6 个土壤污染防治先行示范区。做好化工企业安全环保搬迁后的土壤污染治理工作；开展 1000 万亩受污染耕地治理修复和 4000 万亩受污染耕地风险管控；深入推进重金属污染综合治理
危险废物污染防治	开展全国危险废物普查；加强含铬、铅、汞、镉等重金属废物以及生活垃圾焚烧飞灰、抗生素菌渣、高毒持久性废物等的综合整治；建设危险废物处置设施
核与辐射安全保障能力提升	建成核与辐射安全监管技术研发基地；建设 5 座中低放射性废物处置场和 1 个高级放射性废物处理地下实验室；加强国家核事故应急救援队伍建设

资料来源：笔者根据国家"十三五"规划纲要整理。

4. 开放发展的重点任务

在对外开放领域，国家"十三五"规划的第十一篇从完善对外开放布局、创新体制机制、推进"一带一路"建设、参与环境治理和承担国际责任五个方面，提出构建全方位开放格局的战略部署。在完善对外开放布局领域，"十三五"规划着重强调促进我国贸易结构多元化发展，优化外资水平。"十三五"规划从营商环境、投资管理体制、金融双向开放等方面提出了在体制机制方面优化我国开放发展的决策部署。在推进"一带一路"建设领域，"十三五"规划提出开展文化交流活动，促进人文环境建设。在全球治理领域，"十三五"规划提出要进一步维护多边贸易、双边自由贸易体制。除此之外，"十三五"规划在国际责任领域提出积极落实 2030 年可持续发展议程，积极维护全球安全、开展国际合作。

5. 共享发展的重点任务

国家"十三五"规划第十五篇从公共服务供给、就业、社会保障制度、应对人口老龄化等方面提出了共享发展领域的重点任务。国家"十三五"规划明确列示了在教育、就业等八个领域开展的基本公共服务项目清单（见表3-6）。

表3-6　　　　国家"十三五"规划中基本公共服务项目清单

领域	基本公共服务项目
公共教育	免费义务教育、农村义务教育学生营养改善，寄宿生生活补助、普惠性学前教育资助，中职国家助学金、中职免学费、普通高中助学金、家庭经济困难普通学生免学费、个人学习账号和学分累计等
劳动就业	基本公共就业服务、创业服务、就业援助，就业见习服务、大中城市联合招聘服务、职业技能培训和技能鉴定、农民工培训、12333电话咨询服务、劳动关系协调、劳动人事争议调解仲裁等
社会保险	职工基本养老保险、居民基本养老保险、职工基本医保、居民基本医保、失业保险、工伤保险、生育保险服务等
卫生计生	居民健康档案、健康教育、预防接种、传染病及突发公共卫生事件处理、儿童健康管理、孕产妇健康管理、老年人健康管理、残疾人健康管理和社区康复、慢性病管理、严重精神障碍患者管理、卫生监督管理等
社会服务	最低生活保障、特困人员供养、医疗救助、临时救助、受灾人员救助、养老救助、老年人福利补贴、困境儿童分类保障、留守儿童关爱保护服务、未成年人社会保护、基本殡葬服务、优待抚恤等
住房保障	公共租赁住房、棚户区改造、农村危房改造、农房抗震改造、游牧民定居等
文化体育	公共文化设施免费开放、公益性流动文化服务、收听广播、观看电视、农村数字电影放映、读书看报、应急广播、少数民族文化服务、数字文化服务等
残疾人基本公共服务	困难残疾人生活补贴和重度残疾人护理补贴、重度无业残疾人最低生活保障、贫困残疾人基本辅助器具补贴、贫困残疾人家庭无障碍改造补贴等

资料来源：笔者根据国家"十三五"规划纲要整理。

三、国民经济规划的实施情况分析

（一）规划指标完成率的测度方法与数据说明

1. 规划指标完成率的测度方法

学术界对于规划实施情况的量化评价研究较少。近年来，胡鞍钢及其团队尝试构建较为系统的量化评价方法，在其 2013 年的文章中首次提出了目标—致法（胡鞍钢等，2013）。该方法的核心思想是比较规划指标的目标值与实际值，判断指标是否如期完成。该方法是目前学界考察规划指标完成情况较为客观、系统的量化评价方法。其后，唐啸等（2018）通过建立中国省级五年规划指标的全样本数据库，采用该方法对 2001～2015 年全国各省份的规划指标完成率进行了量化分析，该研究为量化考察省级五年规划完成情况提供了重要的研究思路。

本章借鉴上述两篇文章的研究思路，对上述五年规划完成率的测度方法进行了拓展。首先，基于规划指标在规划期的初始值和预期值，计算其每年应该完成值，通过对比应该完成值与实际完成值的大小，判断该指标当年是否如期完成。在此基础上，将各省历年达到完成标准的指标数量加总，计算其与规划指标总数之比作为各省五年规划指标完成率 $\mathrm{com}_{it} = \dfrac{\mathrm{complete}_{it}}{N_i}$，其中 N_i 为 i 省五年规划指标总数，$\mathrm{complete}_{it}$ 为 i 省 t 年如期完成目标值的指标数量。

由于各省份五年规划纲要中对指标目标值的设定采用多种表述方式，以此为据，本章对不同类型指标采取不同的评价方法判断其是否如期完成。

具体来看，对于目标值为期末值型的指标，如"期末国内生产总值"，其考察年（规划期的第 t 年）应该完成值 M_t^A 采用变动值平均分解的思路，即把总目标的变动值平均分解到各年，具体的计算公式为：$M_t^A = M_0 + (M^* - M_0) \times \dfrac{t}{5}$，其中 M_0 为指标的初始值，M^* 为预期值，

将 M_t^A 与实际完成值 M_t 比较,判断该指标是否完成。

对于目标值为平均值型的指标,如"地区生产总值年均增长率",其考察年应该完成指标为 M^*,考察年实际完成值为考察期累计平均完成值 $\dfrac{\sum M_t}{t}$。两者比较后,判断该指标是否完成。

对于目标值为累积型的指标,比如"五年内城镇棚户区住房改造数量",同样采用平均分解的思路,将五年累积值平均分解,计算该指标考察年应该完成值 $M_t^A = \dfrac{M^*}{N} \times i$,通过加总初期到考察期指标值计算其实际完成值 $\sum M_t$。两者比较后,评价该指标是否完成。

对于"红线"型指标,即要求不能超过某最高值或者必须达到某最低值的指标,如"耕地保有量"。若当年的实际完成值达到"红线"要求,则视为该指标如期完成。

上述评价方法汇总于表3–7。

表3–7 规划指标完成情况的评价方法

按照目标值划分指标类型	指标举例	考察年应该完成值	考察年实际完成值
期末值型指标	地区生产总值	$M_0 + (M^* - M_0) \times \dfrac{t}{N}$	M_t
平均值型指标	地区生产总值年均增长率	M^*	$\dfrac{\sum M_t}{t}$
累积型指标	五年内城镇棚户区住房改造数量	$\dfrac{M^*}{N} \times i$	$\sum M_t$
"红线型"指标	耕地保有量	M^*	M_t

资料来源:笔者绘制。

2. 数据说明

对于规划指标的目标值数据,本章以全国30个省份(除西藏外)

的省级五年规划为依据，从中查找规划指标的目标值。值得注意的是，部分省份的规划纲要以图表的形式直接列示了规划期末主要指标的目标值，而部分省份并未对规划指标的目标值提供明确列示，本章对此类规划纲要的主要目标部分进行了文本分析，从中提取出具体指标及其期末目标值。本章共统计了2987项省级五年规划量化指标，其中"十一五"规划指标802项，"十二五"规划指标1013项，"十三五"规划指标1172项。

对于指标实际完成值数据，本章以国家统计局数据库为基础，结合各省份政府网站发布的历年统计公报以及政府工作报告，查找各指标的历年实际完成值。由于部分指标不易统计或资料并未公开，无法找到统计数据，对此，本章不得不对数据缺失的指标进行剔除。需要特别说明的是，难以找到完成情况数据的指标仅占本章样本数据的较小部分，可将其视为规划指标完成率的测量误差。

由于"十一五""十二五""十三五"规划中部分指标不连续，本章只能以各规划期的起始年2006年、2011年以及2016年作为基准期计算各指标历年应该完成值。举例来说，辽宁省"十一五"规划对"地区生产总值"指标的目标值设置为2010年达到13500亿元。按照本章的测算方法，以2006年9257.05亿元为初始值，则2007年、2008年、2009年以及2010年的应该完成值分别为10317.79亿元、11378.53亿元、12439.26亿元、13500亿元。

本章采用如上所述的判断方法，对30个省份（除西藏外）2006～2017年共8432项具体指标进行了是否如期完成的评价①。

（二）规划指标完成率的测度结果与分析

1. 规划指标的平均完成情况

2007～2017年，全国省级五年规划指标的平均完成率呈上升趋势

---

① 由于以2006年、2011年和2016年作为基准期，本章实际测算得到的各省份规划指标完成率数据共9年，分别是2007～2010年、2012～2015年以及2017年。

（见图 3 - 1）。"十一五"时期，省级规划的平均完成率高于 70%，在"十一五"末期达到了峰值 83.86%。但各省的完成情况参差不齐，山西省五年规划完成率较低，平均仅为 55.65%。相比较而言，北京市、江苏省的五年规划完成率较高，平均达到了 91.35%、90.48%。整体上看，2007～2010 年各省份规划指标完成率的差距逐步缩小，变异系数逐步下降。

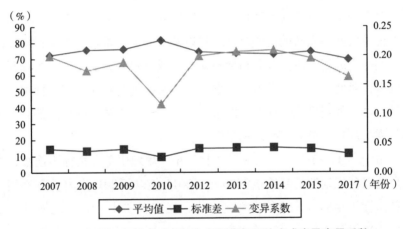

图 3 - 1　2007～2017 年省级五年规划指标平均完成率及变异系数

注：左纵坐标为平均值，右纵坐标为标准差、变异系数。
资料来源：笔者测算。

在"十二五"规划实施期，规划指标全国平均完成率变动较为平稳。相比较而言，黑龙江省"十二五"时期，五年规划完成率较差，平均仅为 36.25%。山西省仍然保持在 55% 左右。贵州省完成率有较大幅度提升，从"十一五"时期的 50% 提高至"十二五"时期的 79.84%。山东省"十二五"期间规划指标完成率超过了 90%。"十二五"期间，各省的五年规划完成率的变异系数呈现平稳的小幅波动态势，各省间规划指标完成情况的差距变动不大。

2017 年，各省份五年规划指标的平均完成率小幅下降至 67.29%，但完成率的标准差进一步缩小至 0.117，变异系数也相应下降。黑龙江省、吉林省规划指标完成情况较差，指标完成率均低于 50%。山东省、福建省、江苏省表现强劲，指标完成率均超过了 90%。

各省份在 2007~2017 年的规划指标完成率的波动幅度不大。如图 3-2 所示，大部分省份的五年规划完成率的变异系数保持在 20% 以下，标准差保持在 0.05~0.15 之间。也有部分省份指标完成率变动较大，黑龙江省规划指标完成率的变异系数最高，达到了 40%，其"十一五"期间的规划指标完成率为 76.5%，而"十二五"和"十三五"时期的平均完成率仅为 37.4%。吉林省的五年规划完成率也具有此特征，"十一五"时期的完成率较高，而"十二五"开始大幅下降。规划指标完成率一定程度上反映了 2011 年以来东北经济告急的宏观经济状况。与之相反，2007~2009 年贵州省的五年规划指标平均完成率低于50%。从 2010 年起，贵州省的规划指标完成率大幅度提高并保持在80% 左右。

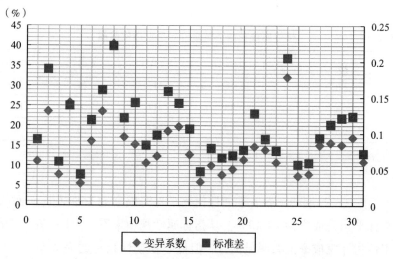

图 3-2　2007~2017 年各省五年规划指标完成率变异系数与标准差

注：左纵坐标为变异系数，右纵坐标为标准差。
资料来源：笔者测算。

2. 指标属性视角下规划指标完成情况

国家"十一五"规划首次对指标属性进行分类并强调了约束性指标在政府绩效考核中的重要性。指标属性的划分进一步加强了政府的公共服务职责与转变发展方式的任务。接下来，本章从指标属性的视角考察省级五年规划指标的完成情况。

从"十一五"开始，各省份陆续在其五年规划中对指标属性进行了分类。具体来看，在"十一五"规划中对指标属性进行分类的有北京市、河北省、江苏省、浙江省等13个省份；吉林和黑龙江两省除了将指标划分为预期性指标和约束性指标外，还将部分指标划分为导向性指标；而大部分中西部省份在"十一五"规划中并未对指标类型进行划分。从"十二五"开始，超过90%的省份在五年规划中对指标属性进行了划分且取消了导向性指标的分类，统一划分为预期性指标和约束性指标。从"十一五"到"十三五"，省级规划中约束性指标的比重不断提高（见表3-8）。

表3-8　　　　　　　　指标属性视角下省级五年规划指标数量

	预期性	约束性	导向性	未判断
"十一五"规划	185	113	24	480
"十二五"规划	485	411	0	117
"十三五"规划	551	564	0	57

资料来源：笔者根据各省"十一五""十二五""十三五"规划纲要整理。

"十一五"期间，各省预期性指标平均完成率为85%左右，而约束性指标平均完成率为76.13%。从指标属性视角来看，"十一五"期间，约束性指标完成率虽有明显提升，但低于预期性指标的完成率。"十二五"时期，全国90%以上的省份对五年规划指标的属性进行了划分，且从2012年开始，约束性指标的完成率超过预期性指标且不断提高。"十三五"时期，各省预期性指标的完成率大幅度下降至53.37%，约束性指标的平均完成率则进一步提高至85.19%（见图3-3）。

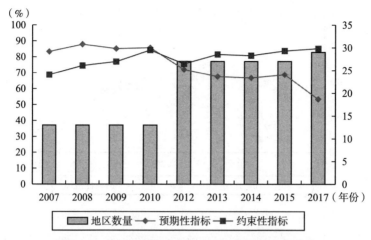

图3－3　指标属性视角下五年规划指标平均完成率

注：左纵坐标为预期性指标和约束性指标完成率，右纵坐标为设置约束性指标的地区数量。
资料来源：笔者测算。

　　从各省份预期性指标和约束性指标的完成率来看，"十一五"期间，北京市、福建省的约束性指标和预期性指标平均完成率较高，均超过了80%。"十二五"期间，约束性指标完成率较高的省份有江苏省、四川省、山东省、北京市等，预期性指标完成率较高的省份有广东省、湖北省和福建省，而吉林省和黑龙江省"十二五"期间约束性指标的完成率大幅下降。"十三五"时期，吉林省、辽宁省、河北省等老工业省份的约束性指标完成率明显好于预期性指标的完成情况（见图3－4）。

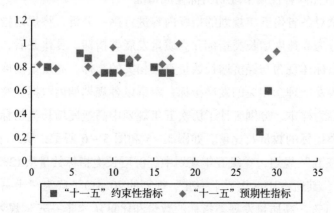

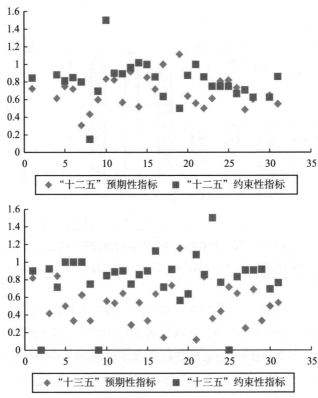

图 3 - 4 三次五年规划各省预期性指标和约束性指标完成率

资料来源：笔者测算。

3. 指标内容视角下规划指标完成情况

本章对各省份五年规划的指标内容进行逐一分析，将规划指标从内容上划分为高速度增长类指标和高质量发展类指标。具体来看，高速度增长类指标体现为与经济增长数量直接相关的指标，高质量发展类指标是与五大发展理念相关的发展指标。本章以各规划期内数据完整、无缺失的指标为样本，分别统计了历次五年规划中高速度增长类指标与高质量发展类指标的数量及比重。如图 3 - 5 和图 3 - 6 所示，从"十一五"到"十三五"规划，省级五年规划中经济增长类指标数量从 123 项减少为 88 项，其所占比重从"十一五"规划的 20.4% 下降为"十三五"规划的 12.1%。高质量发展类指标的数量和比重从"十一五"规划的 479

项（79.6%）提高为"十三五"规划的 639 项（87.9%）。高质量发展类指标中，绿色发展类指标占比提高幅度最大，其次为创新发展类指标。相对而言，开放发展和协调发展类指标增幅较小。虽然共享发展类指标占比小幅下降，但数量仍居高质量发展类指标的首位。由此来看，实现基本的民生保障始终是各地方政府最主要的发展任务和目标。

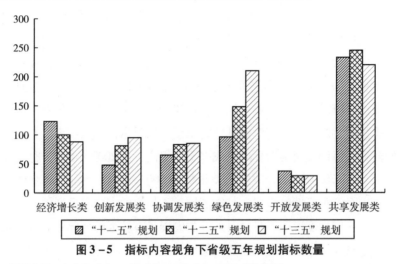

图 3−5 指标内容视角下省级五年规划指标数量

资料来源：各省份"十一五""十二五""十三五"规划纲要。

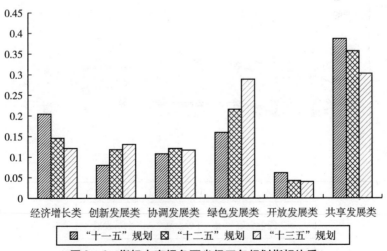

图 3−6 指标内容视角下省级五年规划指标比重

资料来源：各省份"十一五""十二五""十三五"规划纲要。

从指标完成情况看，经济增长类指标在"十一五"期间完成率保持在较高水平，2010 年达到了 97.53% 的完成率。但从"十二五"开始，经济增长类指标的完成率不断下降，从 2012 年的 72.58% 下降至 2017 年的 50.32%。与之相比，高质量发展类指标的平均完成率不断提高，尤其是绿色发展类指标的平均完成率从 2007 年的 61.28% 逐步提高到 2017 年的 82.21%，是"十三五"时期完成率最高的指标。经济增长类指标与绿色发展类指标相异的完成率变动趋势，反映了我国正逐步转变以牺牲资源、破坏环境为代价的经济发展方式。共享发展类指标的完成率始终保持在较高的水平，2007～2017 年间规划指标完成率的变动幅度较小，这充分体现了我国政府对于民生发展、社会事业建设的承诺和责任。创新发展指标完成率虽有小幅提高，但对比其他高质量发展类指标的完成率，其完成率仍然较低。协调发展类指标的完成率不断提高，从 2007 年的 50.81% 提高到 2017 年的 70.97%。开放发展类指标在 2007～2017 年间完成率变动较大，受国际宏观环境的影响，与经济增长类指标的完成率呈现较大的趋同性，这在一定程度说明了我国对外开放发展具有较强的外部依赖性且对外贸易水平与经济增长具有较强的相关性（见图 3-7）。

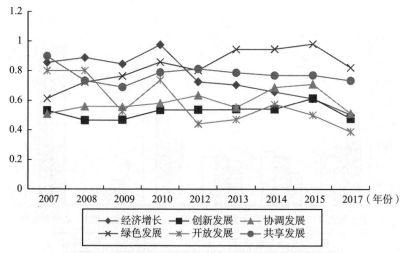

图 3-7　指标内容视角下五年规划指标平均完成率

资料来源：笔者测算。

4. 区域视角下规划指标完成情况

从区域视角看，东部地区省级五年规划指标的平均完成率最高，显著高于全国平均水平；中西部地区的平均完成率在全国平均线附近小幅波动。相对来看，东北地区的指标完成率变动较大，"十一五"规划的指标完成率接近80%，比同期的中部和西部地区的规划指标完成率略高，但从"十二五"起，东北地区的规划指标完成率大幅下降，平均完成率低于60%，与同期东部地区（78.63%）、中部地区（73.1%）、西部地区（69.78%）和全国平均（73.01%）相比，差距较大（见图3-8）。

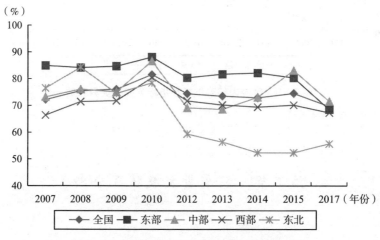

图3-8　区域视角下五年规划指标平均完成率

资料来源：笔者测算。

从区域内各省份指标完成率的差距来看，"十一五"时期，各区域内部不同省份间指标完成率的变异系数在0.1左右，说明区域内规划指标完成情况具有较强的趋同性。而从"十二五"开始，东北地区五年规划完成率的变异系数大幅增加，2012年超过了0.5，具体表现为"十二五"期间，黑龙江省和吉林省规划指标平均完成率分别为40.63%和56.58%，而辽宁省"十二五"期间规划指标的完成率超过了75%。由此来看，"十二五"以来，东北三省规划指标完成情况呈现离散态势。

同期，东部、中部、西部地区内部仍具有较为明显的趋同性，规划指标完成率的标准差进一步缩小（见图 3 - 9）。

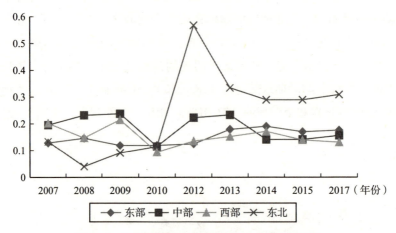

图 3 - 9　区域内部五年规划指标完成率变异系数

资料来源：笔者测算。

第二节　高质量发展状况分析

一、高质量发展水平分析

（一）创新发展水平分析

1. 科技创新水平

科技创新力是创新发展最主要的驱动力。从图 3 - 10 可知，我国的每万人专利申请受理量和授权量分别从 2000 年的 1.23 件、0.74 件增长到 2017 年的 22.68 件、11.2 件；与此同时，亿元生产总值中技术市场成交额从 2000 年的 63.11 万元增长到 2017 年的 157.57 万元。尤其是

2006 年以来，上述三项指标均有大幅度提高。与 2006 年相比，2017 年的专利申请受理量、专利申请授权量分别增长了 5.39 倍和 5.9 倍。这说明我国的科技创新产出能力显著增强，创新成果的市场交易机制正逐步完善，创新发展水平大幅度提高。

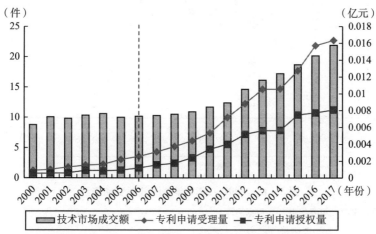

图 3 - 10　2000 ~ 2017 年科技专利申请和技术市场成交情况

注：左纵坐标为每万人专利申请受理量、授权量，右纵坐标为亿元生产总值中技术市场成交额。

资料来源：笔者根据 EPS 数据整理。

2. 经济效率水平

本章使用 DEAP 2.1 软件，以 2000 年为基期，测算了 2001 ~ 2017 年我国的全要素生产率、技术效率和技术进步率①，并将上述结果绘制于图 3 - 11，以反映我国经济效率的变动趋势。整体来看，2001 年以来我国经济效率呈现小幅度的波动态势，2006 年，我国的全要素生产率小幅下降，但是技术效率和技术进步两项指标并未呈现明显的下降态势。从 2014 年开始，我国的全要素生产率指标触底反

---

① 本章对全要素生产率测算的产出指标为 GDP，采用 GDP 平减指数的方法得到实际 GDP；投入指标中劳动力投入量为三次产业的就业人数，资本投入量为固定资产存量，采用永续盘存法，以 9.6% 的折旧率，估算固定资产存量。

弹，迎来了新的增长态势。

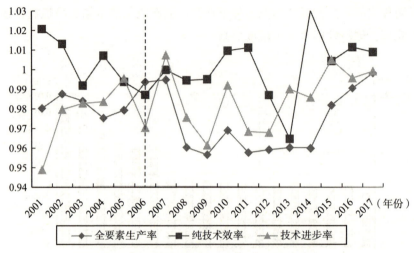

图 3 – 11　2001～2017 年经济效率变动趋势

资料来源：笔者根据 EPS 数据测算。

（二）协调发展水平分析

1. 区域协调水平

本章通过构建人均收入均衡度指标、资本形成率均衡度指标以及消费率均衡度指标[①]考察区域协调发展水平。从图 3 – 12 所示的测算结果可知，从 2006 年开始，我国的人均收入均衡度指标显著提高，消费率均衡度指标保持相对稳定，但是资本形成率均衡度指标有所下降。这说明 2006 年以来，我国各省间的人均收入、消费率差距不断减小，但是省际资本形成率差距并未得到改善且差距仍不断扩大。

---

① 上述三项均衡度指标的构建步骤如下：首先，查找全国各省份的人均收入、资本形成率和最终消费数据；接下来，计算各项指标的变异系数，衡量上述指标的全国差异情况；在此基础上，将变异系数取倒数，构建全国人均收入均衡度指标、资本形成率均衡度指标和最终消费率均衡度指标。

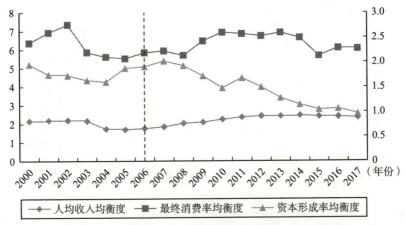

图 3 – 12 2000 ~ 2017 年区域经济发展协调度变动趋势

注：左纵坐标为消费率均衡度、资本形成率均衡度，右纵坐标为人均收入均衡度。
资料来源：笔者根据 EPS 数据测算。

2. 城乡协调水平

本章以农业比较劳动生产率和非农业比较劳动生产率指标衡量我国城乡协调发展水平①。从图 3 – 13 可知，2000 ~ 2017 年，相比于农业比较劳动生产率，我国的非农业比较劳动生产率呈现更快速的下降态势。虽然从 2006 年开始，两者的差距逐步缩小，但两者间的绝对差距仍较大。2017 年非农业比较劳动生产率达到 2.28，而农业比较劳动生产率仅为 0.13。这说明我国的城乡协调发展建设虽取得了一定成绩，但二元经济结构问题仍比较突出。由此来看，我国的城乡协调发展建设仍然任重道远。

---

① 农业比较劳动生产率是指农业产值占比与其从业人员占比的比值；非农业比较劳动生产率是指第二、第三产业产值占比与第二、第三产业就业人员占比的比值。

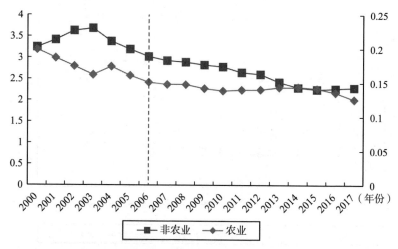

图 3 – 13   2000 ~ 2017 年全国非农业和农业比较劳动生产率变动趋势

注：左纵坐标为非农业比较劳动生产率，右纵坐标为农业比较劳动生产率。
资料来源：笔者根据 EPS 数据测算。

3. 产业协调水平

本章以第一产业、第二产业和第三产业比较劳动生产率的变动情况，反映我国产业间协调发展水平的变动趋势①。从图 3 – 14 可知，2000 ~ 2017 年，我国的第一产业比较劳动生产率呈现小幅度波动态势，2000 年为 0.29，2017 年为 0.28，均值为 0.27。2000 ~ 2017年，我国的第三产业比较劳动生产率小幅度下降，从 2000 年的1.45 下降为 2017 年的 1.17，均值为 1.3。相对来看，我国的第二产业比较劳动生产率大幅度下降，尤其是 2006 年以后，下降幅度达到 25%。整体来看，我国三次产业间的比较劳动生产率差距不断缩小，但是第三产业和第二产业与第一产业的比较劳动生产率差距仍然较大，说明我国产业间协调发展状况虽有所改善，但产业间发展不协调问题仍比较突出。

---

① 三次产业比较劳动生产率是指各产业产值占比与其就业人员占比的比值。

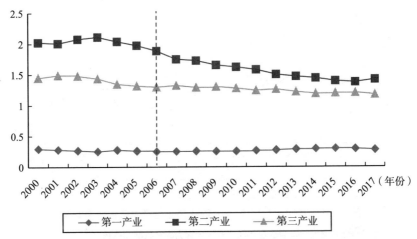

图 3 − 14　2000 ~ 2017 年全国三次产业比较劳动生产率变动趋势

资料来源：笔者根据 EPS 数据测算。

(三) 绿色发展现状分析

1. 资源利用水平

本章以能源消耗量反映我国的资源利用水平。整体来看，我国的亿元生产总值能源消耗量不断下降，2000 年为 1.467 万吨标准煤，2017 年下降为 0.54 万吨标准煤，下降幅度达到 63.2%。尤其是 2006 ~ 2017 年间，亿元生产总值能源消耗量的下降幅度达到 58.7%。分行业来看，我国农林牧渔业的能耗下降幅度较小，制造业的能耗下降幅度较大。2000 年，制造业亿元生产总值的能源消耗量为 0.8 万吨标准煤，2017 年下降至 0.29 万吨标准煤，下降幅度达到 63.4%（见图 3 − 15）。由此来看，我国能源消耗量大幅降低，资源利用能力有所提高，推进资源集约型社会建设取得了显著成就。

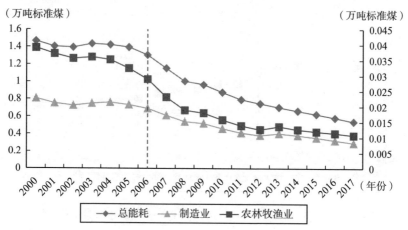

图3-15   2000~2017年部分行业亿元生产总值能源消耗量

注：左纵坐标为总能耗、制造业能耗，右纵坐标为农林牧渔业能耗。
资料来源：笔者根据EPS数据整理。

2. 环境保护水平

从我国环境污染治理投资额的变动趋势来看，2000年，我国环境污染治理投资为1014.9亿元，2017年为9538.95亿元，增长幅度近9倍，尤其是2006年之后，我国的污染治理投资增速显著提高（见图3-16）。

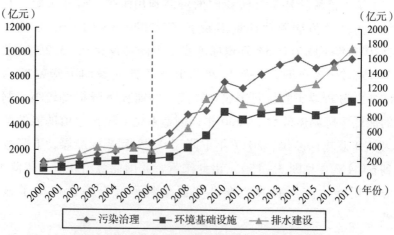

图3-16   2000~2017年环境治理投资变动趋势

注：左纵坐标为污染治理、环境基础设施投资额，右纵坐标为排水建设投资额。
资料来源：笔者根据EPS数据整理。

从污染治理投资的构成看，城镇环境基础设施投资占比超过污染治理投资总额的50%，排水建设投资占比不高但增速较为明显。2006 年以来环境污染治理投资的较大增幅说明我国加大环境污染治理力度、开展环境治理工程确有实效。

（四）开放发展水平分析

1. 贸易开放水平

2000 年以来，我国进出口贸易总额大幅度提高。出口贸易总额从2000 年的20634.44 亿元增长至2017 年的153309.4 亿元，增长幅度达到 6 倍以上；与此同时，我国对外贸易进口总额也有较大幅度的增长，从2000 年的18638.81 亿元增长到2017 年的124789.81 亿元，增长了近6 倍。从比重来看，2006 年我国出口贸易总额占 GDP 的比重达到35.36%，进口贸易总额占 GDP 的比重达到28.88%，达到入世以来的峰值。此后，我国贸易总额占 GDP 的比重呈现下降态势，尤其是2008 年，受到世界金融危机的影响，我国出口贸易总额占 GDP 的比重大幅度下降。近年来，我国贸易总额占 GDP 的比重虽然仍呈小幅度下降态势，但也反映出我国经济增长的出口贸易依赖度有所缓解，以内需为增长点的经济增长模式正在培育（见图3 – 17）。

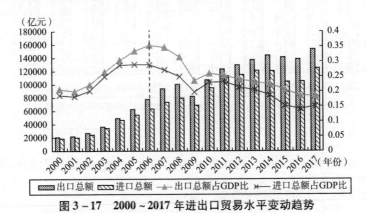

图 3 – 17　2000 ~ 2017 年进出口贸易水平变动趋势

注：左纵坐标为出口、进口贸易总额，右纵坐标为出口、进口额占 GDP 比。
资料来源：笔者根据 EPS 数据整理。

2. 投资开放水平

本章以每亿元 GDP 中实际对外投资额和利用外资额作为衡量我国开放发展中的投资开放水平。由于数据可得性限制，上述指标的观察期仅为 2007～2017 年。从图 3－18 可知，我国利用外资额占 GDP 比重从 2008 年开始逐年下降，而对外投资额占 GDP 比从 2009 年开始逐年攀升。2017 年我国对外投资规模虽然有小幅度回落，但整体来看呈现扩大态势。2014 年我国的对外投资额首次超过了我国利用的外资额，说明从世界资本往来看，我国不再以接受外资为主导，而是更加积极主动地融入世界各国的发展中，在世界市场中寻求国内资本的更高效益、更有价值的投资。由此来看，我国的投资开放发展已经开启了新的局面。

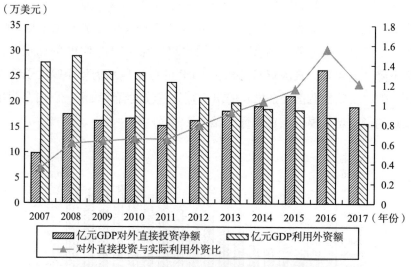

图 3－18　2007～2017 年投资开放水平变动趋势

注：左纵坐标为亿元 GDP 对外直接投资、利用外资额，右纵坐标为对外直接投资与实际利用外资比。

资料来源：笔者根据 EPS 数据整理。

（五）共享发展水平分析

1. 居民收入与消费水平

2000 年以来，我国城镇居民人均可支配收入和农村居民纯收入大幅提高，从 2000 年的 6255.7 元、2282.1 元分别增长到 2017 年的 36396.19 元、13432.4257 元。与此同时，我国城乡人均消费水平也大幅改善，从 2000 年的 6808 元、1931 元分别增长到 2017 年的 30959 元、11940 元（见图 3 – 19）。特别是 2006 年以来，我国的居民收入水平和消费水平大幅提高。相比于 2006 年，2017 年上述四项指标增长幅度均达到 0.6 倍以上。由此来看，我国居民的收入水平和消费能力都得到了显著提高。

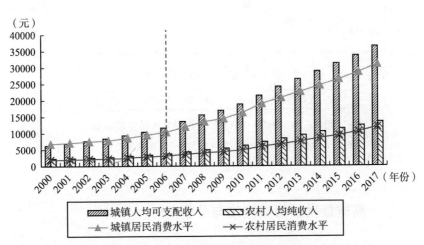

图 3 – 19 2000 ~ 2017 年居民可支配收入和消费水平变动趋势

资料来源：笔者根据 EPS 数据整理。

2. 公共服务水平

本章从人均教育经费和万人医疗机构床位数两个指标考察我国公共服务水平的变动情况。从图 3 – 20 可知，2002 年以来，我国人均教育经费支出大幅度提高，从 2002 年的人均不足 500 元提高至 2017 年的

3061.84 元。与此同时，我国每万人医院床位数也显著提高，从 2002 年的 24.9 张增加到 2017 年的 57.22 张。特别是从 2006 年开始，上述两项指标的增速大幅度提高。相较于 2006 年，2017 年上述两项指标分别增长了 3.1 倍和 1.12 倍。由此可见，我国人均公共服务水平大幅改善，共享发展建设取得了显著成效。

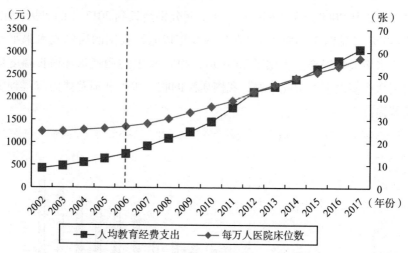

图 3 – 20　2002 ~ 2017 年公共服务水平变动趋势

注：左纵坐标为人均教育经费支出，右纵坐标为每万人医院床位数。
资料来源：笔者根据 EPS 数据整理。

二、高质量发展指数测度与分析

（一）相关研究综述

与高速度增长、高质量增长相比，高质量发展更强调经济社会全面发展的重要意义；与经济发展、可持续发展、科学发展等相比，高质量发展更强调了对发展质量和发展效益的要求。目前，学术界正在积极探讨测度高质量发展水平的评价方法和指标体系，但尚未形成统一的研究范式。基于学界对高质量发展内涵的不同理解，本章从以下两个视角对高质量发展测度相关的文献进行综述。

　　一类文献将高质量发展视为更高层次的经济发展和更高水平的经济增长，从全社会投入产出的角度测算全要素生产率（Chow & Li，2002）。比如，任保平等（2012）运用该方法测算了中国经济增长质量，并论证了改革开放显著提高了中国经济的增长质量。但也有学者如郑玉歆（2007）对此方法提出了否定观点，他认为仅仅根据全要素生产率判断经济增长质量是有局限的。其后的学者尝试对全要素生产率指标进行丰富和补充，如肖欢明（2014）对全社会投入产出函数进行了扩展，将绿色 GDP 视为社会产出结果，将自然资源和环境要素作为社会生产函数的投入要素，以此测算全要素生产率代表经济增长质量。

　　另一类研究是沿袭经济增长质量多维内涵的视角（Barro，2002），基于对高质量发展内涵的理解，构建高质量发展综合评价指数。这一领域的代表性研究有以下一些：殷醒民（2018）论述了高质量发展指标体系要包括全要素生产率、科技创新力、人力资本质量、金融发展水平、市场机制完善程度，并提出了五个领域要相互融合和相互统一，但这篇文章并未进行实证测度。徐慧瑞（2018）参考国际货币基金组织构建的经济增长质量指数，从经济增长基本面、社会维度以及环境保护三个方面构建了中国经济高质量发展质量指标体系，并实证测度了1980～2017 年间中国经济高质量发展指数，结果表明从 2015 年开始高质量发展水平显著提升。刘干等（2018）从居民生活水平、产业结构、对外贸易、科技教育、绿色环保五个维度构建了涵盖 13 个三级指标的高质量发展指标体系，并使用熵值法和模糊综合评价法对我国 31 个省份 2010～2016 年的经济高质量发展水平进行了评价和比较。孟祥兰等（2019）从供给侧改革视角提出了对高质量发展内涵的理解，从经济高质量、创新高质量、绿色高质量、协调高质量和民生高质量五大领域构建了高质量发展指标体系，并对湖北省 16 个地级市高质量发展水平进行了二次加权因子评价，认为湖北省高质量发展呈现不充分、不平衡的特征。

　　本章借鉴第二类研究思路，从五大发展理念视角构建了高质量发展的综合评价指标体系，并对全国 30 个省份（除西藏外）的 2007～2017 年的高质量发展指数进行测度和比较。

从已有研究的评价方法上看，学者们采用的方法包括 AHP 法（王静，2018）、头脑风暴法（范柏乃等，2014）、熵值法（薛永杰等，2017）、主成分分析法（张亚斌等，2017）、因子分析法（任达等，2015）等。

评价方法的选择必须依据研究的问题来合理选择和设计。考虑到本章对高质量发展水平的测度需要将五大发展理念贯穿于不同的发展时期，就必然要求所选用的评价方法能够使指标权重随时间变化而调整。对指标赋权的方法可分为主观赋权法和客观赋权法。主观赋权法通常是依据专家经验赋权，难以有效反映客观条件的变化情况。相对而言，客观赋权法是依据数据的动态变化特征赋权，更具有客观性。除此之外，考虑到指标间的相关性，不能直接对指标进行赋权。因子分析法能够将具有较强相关性的指标降维成互不相关的因子，再对其赋权，这能够消除指标间信息重叠导致无法有效赋权的问题。由于本章构建的评价指标间具有较强的相关性，不可以直接对指标赋权，因此本章采用客观赋权方法中的因子分析方法，评价高质量发展水平。

（二）二次加权因子评价法

根据上述文献梳理以及鉴于本章研究对象的动态性和指标间的较强相关性，本章选择客观赋权的因子分析方法。借鉴李旭辉等（2019）、孟祥兰等（2019），本章采用二次加权因子分析法量化评价各省份高质量发展指数。第一次因子分析是针对高质量发展的五个准则层分别进行因子评价，第二次因子分析是基于第一次因子评分结果，进行二次加权因子分析得到高质量发展综合指数。具体来看，因子分析方法的理论和步骤如下：

设有 n 个评价对象，每个对象都有 p 个评价指标，组成原始数据 x_{ij}（不失一般性，假设为标准处理后的数据，其中 i = 1，2，3，…，n，j = 1，2，3，…，p）。F_1，F_2，…，F_k 为 k 个客观存在的公共因子，ε_j

为公因子无法解释的不可观测部分。

因子分析数学模型为：

$$\begin{cases} x_1 = a_{11}F_1 + a_{12}F_2 + \cdots + a_{1k}F_k + \varepsilon_1 \\ x_2 = a_{21}F_1 + a_{22}F_2 + \cdots + a_{2k}F_k + \varepsilon_2 \\ \cdots\cdots \\ x_p = a_{p1}F_1 + a_{p2}F_2 + \cdots + a_{pk}F_k + \varepsilon_p \end{cases} \quad (3-1)$$

式（3-1）可以表示为 $X = AF + \varepsilon$，其中 A 为因子载荷矩阵，矩阵中的元素 a_{ij} 衡量了变量 x_{ij} 与因子 F_j 的相关度。ε_j 为原有变量中不能被因子解释的部分。

因子分析的具体步骤可以概括为：

1. 数据搜集及预处理

依照构建的评价指标体系，搜集数据并对其进行预处理。一般而言，预处理包括一致化和标准化两方面。所谓一致化，是结合经济理论，将评价指标体系中的逆向指标取倒数，使调整后的指标与评价指数的方向一致。所谓标准化，是指对所有数据进行无量纲化处理，以消除指标之间单位不统一的问题。常用的方法有均值标准差法、最大最小值法等。

2. 模型适用性检验

在使用因子分析方法之前，必须进行模型的适用性检验，即检验各项指标间是否具有较强的相关性。KMO 相关性检验是常用的检验方法。一般来说，KMO 值超过 0.6，就可以判断各指标间具有较强的相关性，即通过了因子模型的适用性检验。

3. 建立模型及参数估计

式（3-1）为因子模型的一般方程，因子模型需要估计的参数有系数 a_{ij}、最小因子数 k、公共方差等。通常来说，采用累计方差贡献率大于 70% 这一原则确定因子数。

4. 计算公共因子表达式

根据上述所求公共因子个数和因子载荷矩阵，采用回归的方法，估计式（3-2）。

$$F_i = \sum_{j=1}^{p} c_{ij} x_j \qquad (3-2)$$

5. 综合评价分析

通过式（3-3），计算出每个评价对象的综合得分值，进而在此基础上进行相关的分析。其中，F_{ij}为步骤4求得的公共因子，w_j是由各公共因子的方差贡献率构成的权重矩阵。

$$y_i = \sum_{j=1}^{k} w_j F_{ij} \qquad (3-3)$$

（三）高质量发展指数评价指标体系构建

根据前文从五大发展理念视角对于高质量发展内涵的解读，参考孟祥兰等（2019）、刘干等（2018）、李旭辉等（2019）构建的评价指标体系，遵守指标构建的相关性原则、全面性原则和可获得性原则，本章构建了涵盖五大发展领域、包括 11 个一级指标和 26 个二级指标的高质量发展评价指标体系，具体指标见表 3-9。

表 3-9　　基于五大发展理念的高质量发展指数评价指标体系

目标层	准则层	一级指标	二级指标	指标属性
基于五大发展理念的高质量发展指数（Development）	创新发展（A）	科技创新	A1 每万人专利申请授权量	正
			A2 技术市场成交额占 GDP 比	正
			A3 地方政府科技财政支出占比	正
			A4 科技从业人员占就业人数比	正
		经济效率	A5 全要素生产率	正
			A6 技术效率	正
			A7 技术进步	正

目标层	准则层	一级指标	二级指标	指标属性
基于五大发展理念的高质量发展指数（Development）	协调发展（B）	区域协调	B1 省内劳动生产率差异度	逆
			B2 省内资本产出率差异度	逆
		城乡协调	B3 二元对比系数	正
			B4 二元反差系数	逆
		产业协调	B5 二三产业协调度	逆
			B6 一三产业协调度	逆
	绿色发展（C）	资源利用	C1 单位生产总值能耗	逆
			C2 单位生产总值电耗	逆
		环境保护	C3 单位产值二氧化硫排放量	逆
			C4 地方政府环保财政支出占比	正
	开放发展（D）	贸易开放	D1 进出口总额占 GDP 比	正
			D2 国际旅游外汇收入占 GDP 比	正
		投资开放	D3 实际利用外商投资额占 GDP 比	正
			D4 对外直接投资额占 GDP 比（非金融类）	正
	共享发展（E）	居民收入	E1 城乡居民人均收入比	逆
			E2 城乡居民人均消费比	逆
		公共服务	E3 人均教育经费支出	正
			E4 公共安全支出占 GDP 比	正
			E5 每万人公共汽车拥有量	正

资料来源：笔者绘制。

1. 创新发展准则层

基于前文对创新发展内涵的阐释，本章从科技创新、经济效率两方面，构建了创新发展的一级指标。一级指标"科技创新"涵盖了"A1

每万人专利申请授权量""A2 技术市场成交额占 GDP 比""A3 地方政府科技财政支出占比""A4 科技从业人员占就业人数比"4 个二级指标；一级指标"经济效率"以各省份全要素生产率的测算结果①为依据，构建了"A5 全要素生产率""A6 技术效率""A7 技术进步"3 个二级指标。

2. 协调发展准则层

根据上文对协调发展内涵的解读，本章从区域、城乡和产业三个维度，构建了协调发展的一级指标。一级指标"区域协调"包括"B1 省内劳动生产率差异度"②和"B2 省内资本产出率差异度"③ 2 个二级指标；一级指标"城乡协调"包括"B3 二元对比系数"④和"B4 二元反差系数"⑤ 2 个二级指标；一级指标"产业协调"包括"B5 二三产业协调度"⑥和"B6 一三产业协调度"⑦ 2 个二级指标。

3. 绿色发展准则层

基于上文对绿色发展内涵的理解，本章从资源利用与环境保护两个方面构建了一级指标。一级指标"资源利用"包括"C1 单位生产总值

---

① 笔者使用 DEAP 2.1 软件，以 2006 年为基期，测算了 2007～2017 年全国 30 个省份（除西藏外）的全要素生产率。笔者将 TFP 作为全要素生产率，以其分解指标 effch 作为技术效率，techch 表示技术进步。本章对全要素生产率测算的产出指标为 GDP，采用 GDP 平减指数得到实际 GDP；投入指标中劳动力投入量为三次产业的就业人数，资本投入量为固定资产存量，本章采用永续盘存法，以 9.6% 的折旧率，估算固定资产存量。

② "B1 省内劳动生产率差异度"是指以省（区、市）内各地级市的劳动生产率为基础，计算的省级劳动生产率变异系数。

③ "B2 省内资本产出率差异度"是指以省（区、市）内各地级市的资本产出率为基础，计算的省级资本产出率变异系数。

④ "B3 二元对比系数"是指各省农业比较劳动生产率与非农业比较劳动生产率比值。其中，比较劳动生产率是指该产业的产值占总产值的比重与该产业就业人数占总就业人数比重的比值。

⑤ "B4 二元反差系数"是指非农业产值占总产值比重与非农业就业人数占总就业人数比重差的绝对值。

⑥ "B5 二三产业协调度"是指第二产业比较劳动生产率与第三产业比较劳动生产率差的绝对值。

⑦ "B6 一三产业协调度"是指第一产业比较劳动生产率与第三产业比较劳动生产率差的绝对值。

能耗"和"C2 单位生产总值电耗"2 个二级指标；一级指标"环境保护"包括"C3 单位产值二氧化硫排放量"和"C4 地方政府环保财政支出占比"2 个二级指标。

4. 开放发展准则层

基于前文对开放发展内涵的解读，本章对开放发展准则层设置了"贸易开放"和"投资开放"2 个一级指标。一级指标"贸易开放"包括"D1 进出口总额占 GDP 比"和"D2 国际旅游外汇收入占 GDP 比"2 个二级指标；一级指标"投资开放"包括"D3 实际利用外商投资额占 GDP 比"和"D4 对外直接投资额占 GDP 比（非金融类）"2 个二级指标。

5. 共享发展准则层

基于前文对共享发展内涵的解读，本章从居民收入和公共服务两个维度，构建了共享发展的一级指标。一级指标"居民收入"包括"E1 城乡居民人均收入比"和"E2 城乡居民人均消费比"2 个二级指标；一级指标"公共服务"包括"E3 人均教育经费支出""E4 公共安全支出占 GDP 比""E5 每万人公共汽车拥有量"3 个二级指标。

（四）基于一次因子分析的高质量发展指数分项评价与结果分析

1. 数据来源及预处理

本章评价高质量发展指数所需数据来自国家统计局数据库。首先，对所有逆向指标数据取倒数，进行一致化处理；其次，采用均值标准差方法，即 $x_i^* = \dfrac{(x_i - \bar{x})}{s_j}$ 对数据进行无量纲化处理。

2. 因子评价

在指标预处理后，本章首先测算了 2007 年 30 个省份（除西藏外）的创新发展指数，对创新发展准则层中的 7 个指标数据进行相关性检验，结果见表 3 – 10。

表 3 – 10 　　　　　　　**KMO 检验和 Bartlett 球形检验结果**

KMO 检验和 Bartlett 球形检验		
Kaiser – Meyer – Olkin 抽样充足性检验		0.601
Bartlett 球形检验	卡方检验	159.943
	df	15
	Sig.	0

资料来源：笔者测算后整理。

其次，估计公共因子数、方差贡献率等模型参数。本章依据累计方差贡献率大于 70% 这一原则，确定因子个数。从表 3 – 11 可知，前两个因子成分包含了创新发展中初始的二级指标中 78.658% 的信息量，故确定选取 2 个公共因子。

表 3 – 11 　　　　　　　　　**因子的累计方差贡献率**

成分	初始特征值			提取平方和载入			旋转平方和载入		
	合计	方差的%	累计%	合计	方差的%	累计%	合计	方差的%	累计%
1	3.424	57.064	57.064	3.424	57.064	57.064	3.180	53.003	53.003
2	1.296	21.595	78.658	1.296	21.595	78.658	1.539	25.655	78.658
3	0.973	16.211	94.869						
4	0.204	3.403	98.272						
5	0.065	1.082	99.355						
6	0.039	0.645	100.00						

资料来源：笔者测算后整理。

最后，计算公共因子 F_1 和公共因子 F_2 的得分函数，由于 SPSS 19.0 软件能够直接生成两项因子，本章根据表 3 – 11 中每个因子的累计方差贡献率，按照式（3 – 4）计算各省份 2007 年创新发展评分。

$$\text{scoreA} = \frac{0.57064}{0.78658} \times F_1 + \frac{0.21595}{0.78658} \times F_2 \qquad (3-4)$$

按照上述方法和步骤，本章进一步测度了 2007 年各省份的协调发展评分（scoreB）、绿色发展评分（scoreC）、开放发展评分（scoreD）以及共享发展评分（scoreE），具体结果见表 3-12。

表 3-12　　　　　　　2007 年各省份分项指标的因子评分结果

地区	创新发展		协调发展		绿色发展		开放发展		共享发展	
	scoreA	排名	scoreB	排名	scoreC	排名	scoreD	排名	scoreE	排名
北京	2.01	1	0.79	4	2.53	1	1.67	2	1.27	2
天津	0.61	7	0.47	9	0.87	5	0.52	7	1.03	4
河北	-0.43	21	-0.01	15	-0.56	24	-0.63	26	0.43	6
山西	-0.42	19	-0.27	20	-1.31	27	-0.44	20	0.01	15
内蒙古	-0.39	16	-1.17	29	-1.33	28	-0.46	22	-0.1	18
辽宁	0.14	9	-0.55	27	-0.12	17	-0.08	12	0.06	13
吉林	-0.33	13	-0.41	23	0.13	13	-0.41	18	0.31	9
黑龙江	-0.35	14	-2.26	30	0.01	16	-0.1	13	0.25	10
上海	2	2	0.75	6	1.29	3	2.02	1	1.47	1
江苏	1.08	4	-0.23	18	0.71	8	0.55	6	1.26	3
浙江	1.39	3	0.87	3	0.81	7	0.37	8	1.03	5
安徽	-0.47	23	-0.24	19	0.14	12	-0.51	23	0.17	11
福建	0.15	8	0.48	8	0.86	6	0.83	4	0.35	8
江西	-0.65	28	-0.47	26	0.68	9	-0.63	24	0.04	14
山东	0.8	6	0.36	10	0.4	10	-0.35	16	0.4	7
河南	-0.54	25	0.14	13	-0.22	18	-0.68	28	-0.02	16
湖北	-0.37	15	0.16	12	0.08	14	-0.63	25	-0.09	17
湖南	-0.4	17	0.03	14	0.07	15	-0.39	17	0.08	12
广东	0.93	5	-0.04	16	1.23	4	1.5	3	-0.25	20
广西	-0.67	29	-0.22	17	0.19	11	-0.43	19	-0.48	23
海南	-0.41	18	0.92	2	1.41	2	0.15	11	-0.38	21
重庆	-0.21	12	0.79	5	-0.42	21	-0.26	15	-0.24	19

续表

地区	创新发展		协调发展		绿色发展		开放发展		共享发展	
	scoreA	排名	scoreB	排名	scoreC	排名	scoreD	排名	scoreE	排名
四川	-0.43	22	0.33	11	-0.37	19	-0.23	14	-0.39	22
贵州	-0.54	26	1.37	1	-1.19	26	-0.69	29	-1.32	30
云南	-0.67	30	-0.36	21	-0.49	23	0.17	10	-1.07	28
陕西	-0.51	24	-0.39	22	-0.39	20	-0.45	21	-0.55	25
甘肃	-0.59	27	-0.41	24	-0.77	25	0.2	9	-1.1	29
青海	-0.42	20	-0.42	25	-1.97	30	-0.73	30	-0.92	27
宁夏	-0.2	11	-0.55	28	-1.83	29	-0.66	27	-0.72	26
新疆	-0.1	10	0.52	7	-0.46	22	0.77	5	-0.53	24

资料来源：笔者测算。

本章对 2007～2017 年的每一年重复上述因子分析的步骤和方法，得到各省份高质量发展分项指标的历年评分结果。

3. 结果与分析

从 2007 年全国各省份高质量发展的分项评分看，创新发展排名靠前的地区有北京市、上海市、广东省，而评分较低的省份有云南省、广西壮族自治区。在协调发展方面，贵州省、海南省表现突出，浙江省、北京市协调发展水平较高，而黑龙江省、内蒙古、宁夏的协调发展水平较低。绿色发展评分前四位的省份分别是北京市、海南省、上海市和广东省。在开放发展中，东部沿海省份的排名较为靠前，而中西部的内陆省份开放发展得分较低。在共享发展方面，排名靠前的多为经济相对发达的省份，而贵州省、甘肃省、云南省的共享发展水平较低。

（五）基于二次因子分析的高质量发展指数评价与结果分析

本章将上述分项得分进行二次加权因子分析，得到高质量发展指数（Development）。整体来看，大部分的省份高质量发展指数均有提高。进一步对比 2007 年、2012 年、2017 年各省份高质量发展指数情况，可以看出，北京市和上海市的高质量发展指数这三年一直位于全国前两位。与 2007 年的高质量发展指数的比较表明，2012 年排名有较大提升的省份是四川省（排名从 19 到 10）、陕西省（排名从 24 到 16）；排名下降幅度最大的是吉林省，从 2007 年的 12 位下滑至 2012 年的 18 位。从 2017 年各省份的高质量指数得分来看，与 2012 年相比，黑龙江省、重庆市的高质量发展指数上升幅度最大，而四川省的高质量发展指数排名下降幅度最大，除此之外辽宁省、山东省和山西省的排名下降幅度也较大。

第三节　本章小结

本章的第一节系统论述了国民经济规划的制定与实施情况。首先，通过对国民经济规划制定与实施情况的历史溯源，总结概括了国民经济规划的演进规律。其次，通过对"十一五"规划、"十二五"规划以及"十三五"规划的文本分析，梳理总结了规划的发展理念、发展目标和主要任务安排的制定情况，并论述了国民经济规划的发展理念、发展目标和任务安排对于推动我国高质量发展的积极意义。最后，量化考察了国民经济规划的实施情况，基于本章提出的规划指标完成率的量化评价方法，对 30 个省份（除西藏外）"十一五""十二五""十三五"规划指标的历年完成情况进行了量化评价。在此基础上，从指标属性视角、指标内容视角以及区域视角对各省份指标完成率进行了比较分析。从指标属性视角来看，从"十二五"开始，约束性指标的完成率不断提高，2017 年达到近 90%，而预期性指标的完成率不断降低，2017 年预期性指标的完成率不足 60%；从指标内容视角来看，经济增长类指标的完成率下降，而共享发展和绿色发展类指标的完成率显著提高；从区域对比来看，东北地区规划指标完成率表现较差，而东部、中部和西部地区的规划指标完成率呈现较高的趋同特征，区域内部各省份完成率的差距逐步缩小。

本章的第二节是对高质量发展状况的分析。首先，基于前文对高质

量发展内涵的解读，从创新、协调、绿色、开放和共享五个维度对
2000年以来我国高质量发展水平进行了统计实证分析。研究发现，
2000年以来，我国高质量发展水平有所提高，尤其是2006年"十一
五"规划实施以来，我国的创新发展水平、绿色发展水平和共享发展水
平有较为显著的提高。开放发展中对外投资规模不断扩大，充分体现了
我国"引进来"与"走出去"双向开放发展战略的成果。对于协调发
展而言，区域、城乡和产业间的协调发展水平虽然有所改善，但是发展
差距问题仍不可轻视。

在上述统计性描述分析的基础上，本章构建了涵盖五大发展领域、
共包括26个二级指标的高质量发展评价指标体系，采用二次加权因子
评价方法，对2007～2017年各省份的高质量发展指数进行了实证测度
和比较分析。整体来看，各省份的高质量发展指数不断提高，尤其是创
新发展评分、绿色发展评分和共享发展评分。从各省份对比来看，北京
市、上海市的高质量发展指数始终位居前列。除此之外，其他省份的高
质量发展指数和各分项指数的排名具有不同情况的变动。这为本书进一
步使用计量经济学的研究方法探究我国各省份高质量发展水平变动规律
提出了研究要求。

本章的统计性实证分析为本书第二章构建的理论机制提供了现实观
察，同时又为本书第四章、第五章以及第六章的计量实证分析提供了经
验证据以及计量检验所需的主要变量。

第四章

国民经济规划推动高质量
发展作用的实证检验

在第二章的理论分析中，本书从弥补高质量发展的市场失灵和政府失灵的角度，论证了国民经济规划对推动高质量发展的必要性，同时从规划的发展理念、发展目标和任务安排三个方面，论述了国民经济规划推动高质量发展的三个路径。在第三章中，本书运用统计分析方法找寻了国民经济规划实施与高质量发展间变动规律相关的经验证据。在前文研究的基础上，本章以计量实证方法检验国民经济规划对推动高质量发展的作用。本章从发展理念、发展目标和任务安排三个方面提出了实证研究假设。在此基础上，本章构建了实证模型并使用省级数据进行了政策效应检验、规划目标有效性检验、中介机制检验，实证结果验证了国民经济规划对推动高质量发展的积极作用。

第一节　实证研究假设

国民经济规划的发展理念是国民经济规划的总方向和总原则（林木西等，2018），集中体现了党和政府对于"发展什么、怎样发展"的回答。从"计划"转向"规划"实质上是党和政府发展观的重大转变

（汪海波，2006）。从"十一五"至"十三五"，国民经济规划的发展理念始终坚持科学发展观，且随着时代的发展，规划发展理念对科学发展的内涵和方式提出了更深刻的理解。

五大发展理念是对落实科学发展观提出的具体路径和要求。"创新、协调、绿色、开放、共享"的五大发展理念与"以人为本的，全面、协调和可持续"的科学发展观具有内在的一致性。因此，以五大发展理念引领高质量发展实质上是以科学发展观引领高质量发展。对此，本章提出研究假设 H1：国民经济规划的发展理念引领了高质量发展建设（见图 4 - 1）。

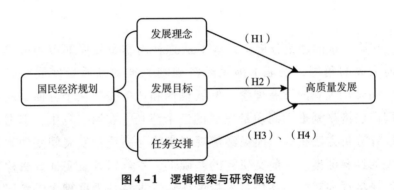

图 4 - 1 逻辑框架与研究假设

资料来源：笔者绘制。

国民经济规划的发展目标是党和政府在规划发展理念的引领下，对未来几年全社会发展提出的总预期和基本要求。从规划的主要目标看，三次五年规划分别对实现全面建成小康社会总目标提出了"取得重要进展""打下决定性基础""确保如期建成"的阶段性目标。全面建成小康社会百年目标的实现，必然要求我国坚持科学发展观，由高速增长向高质量发展方式转型；与此同时，全面建成小康社会不只是对经济总量提出要求，更是要实现社会各领域的高水平、高质量的发展。因此，全面小康目标的实现是我国高质量发展的阶段性成果，两者间具有高度的统一性。

　　国民经济规划的量化指标是对国民经济规划主要目标的具体分解，是国民经济规划任务安排顺利实施的重要条件。从"十一五"规划开始，我国规划指标体系呈现多元化改革趋势，与经济增长相关的指标占比不断下降，社会发展类指标比重不断提高。对指标属性的划分进一步强化了各级政府的职能定位、工作目标和责任约束。规划的量化指标体现了党和政府对创新、协调、绿色、开放以及共享发展提出的预期和要求。由此，本章提出研究假设 H2：国民经济规划目标有效指导了我国高质量发展建设（见图 4 - 1）。

　　国民经济规划的任务安排是政府实现国民经济规划目标的具体抓手。国民经济规划通过制定主要任务、开展专项行动、实施重大工程等方式，为规划目标的实现提供了具体的措施（姜佳莹等，2017）。财政支出是政府参与经济资源配置、实现其职能而运用的资金，是政府引导与推动重点任务和重大工程项目开展的基本保障（Boyne et al.，2004；Blair，2004）。在中国经济高速度增长的背景下，龚六堂等（2001）、张得让（2002）、孔祥利（2005）、贾俊雪等（2006）的研究都论证了政府财政支出对于拉动我国经济增长的重要意义。在此基础上，部分学者论证了我国地方政府的财政支出具有结构性倾向，整体呈现重基础设施建设而忽视民生改善的倾斜偏好（刘俊英，2011）。

　　随着我国从追求单一的经济总量增长向经济社会全面发展乃至高质量发展转型，我国政府职能从经济建设型向公共服务型转变，政府财政中用于民生、环保类的支出比重也不断提高。按照国家统计局对省级政府公共财政支出的统计分类，本章将教育、科技、环保、社保和就业、医疗卫生、节能环保以及城乡社区服务领域的政府支出定义为高质量发展财政支出。从图 4 -2 可知，从"十一五"规划开始，我国省级政府的高质量发展财政支出大幅提高，尤其是城乡社区服务领域、医疗卫生领域财政支出的增幅最为显著。

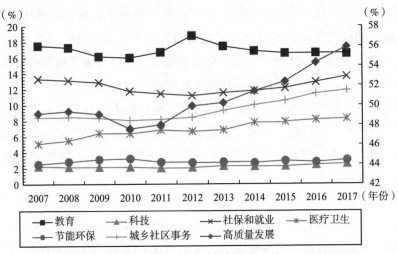

图4-2 2007~2017年省级高质量发展财政支出占比

注：左纵坐标为高质量发展各分项财政支出占比，右纵坐标为高质量发展财政支出占比。
资料来源：国家统计局网站数据库。

由此，本章从政府财政支出的角度，检验国民经济规划的任务安排路径对推动高质量发展的有效性。本章提出研究假设 H3：国民经济规划的实施提高了高质量发展财政支出。H4：高质量发展财政支出能够促进高质量发展建设（见图4-1）。

第二节 计量模型设定与变量说明

一、模型设定

为检验研究假设 H1，即国民经济规划的发展理念是否引导了我国高质量发展建设，本章构建模型（4-1）。其中，Y_{it}代表高质量发展水平，$policy_{it}$为是否实施国民经济规划的政策变量，$CONTROL_{it}$为控制变量，γ_t为时间固定效应，η_i为地区固定效应，ε_{it}为随机扰动项。

$$Y_{it} = \pi_0 + \pi_1 policy_{it} + \pi_2 CONTROL_{it} + \gamma_t + \eta_i + \varepsilon_{it} \qquad (4-1)$$

为了进一步捕捉国民经济规划实施的动态政策效果，本章构建模型（4-2），其中 E_j 代表考察年与国民经济规划实施起始年的差值，将其与 $policy_{it}$ 交乘后，考察动态政策效果。

$$Y_{it} = \pi_0 + \pi_1 policy_{it} + \sum_j \pi_j E_j \times policy_{it} +$$
$$\pi_3 CONTROL_{it} + \gamma_t + \eta_i + \varepsilon_{it} \qquad (4-2)$$

为了检验研究假设 H2，即国民经济规划目标有效指导了我国高质量发展建设，本章设定模型（4-3）。模型中 $Development_{it}$ 为高质量发展指数变量，com_{it} 为各省份规划指标完成率变量。

$$Development_{it} = \alpha_0 + \alpha_1 com_{it} + \alpha_2 CONTROL_{it} + \gamma_t + \eta_i + \varepsilon_{it} \qquad (4-3)$$

为检验假设 H3，即国民经济规划的实施提高了高质量发展财政支出，设置模型（4-4）：

$$fs_{it} = \beta_0 + \beta_1 com_{it} + \beta_2 CONTROL_{it} + \gamma_t + \eta_i + \varepsilon_{it} \qquad (4-4)$$

为检验假设 H4，即高质量发展财政支出能够促进高质量发展建设，构建模型（4-5）：

$$Development_{it} = \theta_0 + \theta_1 fs_{it} + \theta_2 CONTROL_{it} + \gamma_t + \eta_i + \varepsilon_{it} \qquad (4-5)$$

其中，fs_{it} 为高质量发展财政支出占比。

二、变量说明

（一）被解释变量

1. 高质量发展水平 Y_{it}

基于本书第二章第一节对高质量发展内涵的解读，本章在模型（4-1）和模型（4-2）中以创新发展水平 A_{it}、协调发展水平 B_{it}、绿色发展水平 C_{it}、开放发展水平 D_{it}、共享发展水平 E_{it} 代表高质量发展水平的五个方面。表 4-1 列示了各变量的定义与描述性统计，上述变量所需数据来自于历年《中国统计年鉴》。

表 4 - 1　　　　　政策效应检验中的变量描述性统计

变量	变量名	变量定义	均值	标准差	最小值	最大值	样本量	样本期
A	创新发展水平	专利申请授权量的对数	8.567	1.633	2.708	12.37	310	2001 ~ 2010 年
B	协调发展水平	第三产业增加值占比	0.412	0.075	0.283	0.755	310	2001 ~ 2010 年
C	绿色发展水平	亿元地区生产总值二氧化硫排放量的倒数	0.027	0.039	0.001	0.266	310	2004 ~ 2013 年
D	开放发展水平	货物进出口总额占 GDP 比	0.027	0.039	0.001	0.266	310	2001 ~ 2010 年
E	共享发展水平	万人公共汽车数量	10.66	3.671	3.99	26	310	2004 ~ 2013 年
policy	政策变量	2006 年及其后为 1，2006 年之前为 0	0.615	0.487	0	1	403	2001 ~ 2013 年
lny	经济发展基本面	人均收入的自然对数	9.843	0.745	8.006	11.51	403	2001 ~ 2013 年

资料来源：笔者绘制。

2. 高质量发展指数 $Development_{it}$

$Development_{it}$ 变量来自第三章测度的各省份 2007 ~ 2017 年的高质量发展指数，具体的评价指标体系和评价方法以及各省份的高质量发展指数评价结果详见本书第三章第二节。

除此之外，为进一步深入理解高质量发展的内涵，本章构建了衡量各省份五大发展领域发展水平的综合指数变量，包括创新发展指数 $DevelopmentA_{it}$、协调发展指数 $DevelopmentB_{it}$、绿色发展指数 $DevelopmentC_{it}$、开放发展指数 $DevelopmentD_{it}$ 以及共享发展指数 $DevelopmentE_{it}$，具体的评价方法和结果，此处不予赘述，请详见本书第三章第二节。

（二）核心解释变量

1. 政策变量 $policy_{it}$

本章将"十一五"规划实施的初年作为国民经济规划实施的起始年，即将 2006 年及其之后的 $policy_{it}$ 赋值为 1，2006 年之前的 $policy_{it}$ 赋值为 0。

2. 规划指标完成率 com_{it}

规划指标完成率 com_{it} 为本章模型（4-3）的核心解释变量，是来自第三章构建的各省份规划指标完成率变量 $com_{it} = \dfrac{complete_{it}}{N_i}$，该变量的构造方法和含义详见本书第三章第一节。

（三）中介变量

本章中介变量为高质量发展财政支出 fs_{it}，具体包括教育支出 $edufs_{it}$、科技支出 $scifs_{it}$、环保支出 $environfs_{it}$、医疗卫生支出 $healfs_{it}$、城乡社区服务支出 $comfs_{it}$ 以及社会保障支出 $insurfs_{it}$。上述指标所需数据均来自历年《中国统计年鉴》。

三、描述性统计

由于 2004 年之前我国大部分的民生类、环保类指标数据并未公开发布，因此模型（4-1）和模型（4-2）中绿色发展水平和共享发展水平变量的样本期为 2004～2013 年，创新发展水平、协调发展水平和开放发展水平变量的样本期为 2001～2010 年，具体变量的定义和描述性统计如表 4-1 所示。

由于本书第三章第一节对五年规划完成情况的评价是以 2006 年、2011 年、2016 年为基准年，因此模型（4-3）的样本期为 2007～2010 年、2012～2015 年以及 2017 年。本章模型（4-3）涵盖了除西藏外全部 30 个省份共 9 年的 270 个观测样本，表 4-2 列示了模型（4-3）中各变量的描述性统计。

表 4 - 2 规划目标有效性检验中的变量描述性统计

变量	Development	DevelopmentA	DevelopmentB	DevelopmentC	DevelopmentD	DevelopmentE	com	comD
均值	0.048	0.035	0.001	0.001	0.011	0.026	0.747	0.753
最大值	3.739	2.537	3.089	2.693	3.241	2.734	1.19	1.235
最小值	−1.402	−1.136	−0.959	−1.752	−1.006	−1.255	0.25	0.313
标准差	0.963	0.685	0.713	0.688	0.999	0.748	0.144	0.132
方差	0.927	0.469	0.509	0.474	0.999	0.559	0.021	0.017
样本量	270	270	270	270	270	270	270	270

资料来源：笔者绘制。

考虑五年规划指标完成率变量、高质量发展指数变量的样本期，本章模型（4-4）和模型（4-5）的样本仍为全国 30 个省份（除西藏外）2007~2010 年、2012~2015 年以及 2017 年 9 年的数据，具体的变量定义及描述性统计如表 4-3 所示。

表 4 - 3 中介机制检验中的变量定义及描述性统计

变量	变量名称	变量定义	均值	最大值	最小值	标准差	方差	样本量
fs	高质量发展财政支出	各省高质量发展财政支出占财政支出比	0.505	0.669	0.386	0.049	0.002	270
edufs	教育财政支出	各省教育财政支出占比	0.167	0.222	0.099	0.025	0.001	270
scifs	科技财政支出	各省科技财政支出占比	0.02	0.072	0.005	0.014	0	270
environfs	环保财政支出	各省环境保护类财政支出占比	0.03	0.067	0.008	0.011	0	270
healfs	医疗卫生财政支出	各省医疗卫生财政支出占比	0.068	0.106	0.038	0.015	0	270

续表

变量	变量名称	变量定义	均值	最大值	最小值	标准差	方差	样本量
comfs	城乡社区服务财政支出	各省城乡社区服务财政支出占比	0.091	0.286	0.029	0.048	0.002	270
insurfs	社会保障财政支出	各省社会保障财政支出占比	0.128	0.275	0.058	0.033	0.001	270

资料来源：笔者绘制。

第三节　实证结果与分析

一、政策效应检验

表4－4报告了模型（4－1）和模型（4－2）的回归结果，实证结果表明实施国民经济规划对高质量发展水平具有显著的积极影响。该结果在一定程度上支持了本章提出的研究假设 H1：国民经济规划的科学发展理念引导了高质量发展建设。

从第（1）、（3）、（5）、（7）、（9）列的回归结果可知，在控制了时间、个体固定效应，考虑经济发展基本面情况后，实施国民经济规划显著提高了我国的创新发展水平、协调发展水平、绿色发展水平和共享发展水平。除第（7）列开放发展水平的回归结果未通过10%的显著性水平检验外，其他变量的回归结果均通过了1%的显著性检验。

第（2）、（4）、（6）、（8）、（10）列检验了实施国民经济规划对高质量发展水平的平均动态政策效应。结果显示，除开放发展外，国民经济规划的实施对创新发展、协调发展、绿色发展以及共享发展水平的平均动态政策效果显著为正。

表4-4 政策效应检验结果

变量	A (1)	A (2)	B (3)	B (4)	C (5)	C (6)	D (7)	D (8)	E (9)	E (10)
policy	1.587*** (2.71)	0.748** (2.17)	0.147*** (6.29)	0.0122*** (3.44)	0.139*** (5.79)	0.0178*** (4.16)	0.00993 (0.54)	0.0449*** (2.91)	0.225*** (7.46)	0.209*** (6.63)
Epolicy		0.160* (1.96)		0.00867*** (5.34)		0.0143*** (6.33)		-0.0161*** (2.70)		0.145*** (3.35)
_cons	7.414*** (3.06)	7.414*** (3.06)	1.946*** (11.07)	1.247*** (16.28)	0.958*** (5.64)	0.816*** (5.54)	1.295*** (5.14)	1.336*** (21.81)	2.889*** (46.61)	2.902*** (46.98)
CONTROL	YES	YES	YES	YES	YES	YES	YES	YES	YES	YES
时间固定效应	YES	NO	YES	NO	YES	NO	YES	NO	YES	NO
个体固定效应	YES	YES	YES	YES	YES	YES	YES	YES	YES	YES
N	310	310	310	310	310	310	310	310	310	310
R^2	0.979	0.979	0.946	0.938	0.897	0.892	0.948	0.949	0.719	0.728

注：***、** 和 * 分别表示估计结果在1%、5%和10%的显著性水平上显著；括号中的结果为估计结果的t检验值。

　　图 4 - 3 报告了国民经济规划实施后逐年的动态政策效应。整体来看，随着国民经济规划的实施，政策促进作用逐年增强。但值得说明的是，本模型中开放发展的政策效应不理想。从图 4 - 3 中可以看出，2008 年后开放发展水平明显下降。究其原因，一方面可能是由于开放发展易受到国际经济环境的直接影响，导致国民经济规划实施对开放发展领域的政策效应并不理想；另一方面的可能原因是，本章模型（4 - 1）和模型（4 - 2）仅以单一变量衡量高质量发展水平，变量的选取主要考虑数据的可得性，因此难以兼具综合代表性。对此，在模型（4 - 3）中，本章以高质量发展指数 Development$_{it}$ 替换模型（4 - 1）和模型（4 - 2）中五大领域高质量发展水平变量，以使高质量发展变量更具综合代表性。除此之外，模型（4 - 3）引入了国际宏观经济环境变量 crisis$_{it}$，以控制国际宏观经济环境对规划施政效果的影响。

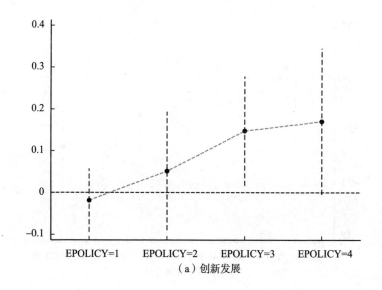

（a）创新发展

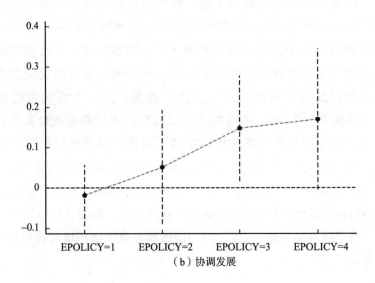

（b）协调发展

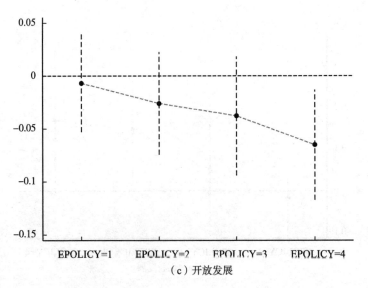

（c）开放发展

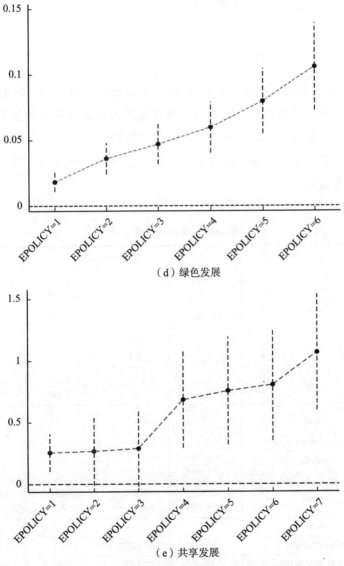

（d）绿色发展

（e）共享发展

图 4-3 国民经济规划实施的逐年动态政策效应

资料来源：笔者绘制。

二、规划目标有效性检验

(一) 基准回归

表 4 - 5 报告了模型 (4 - 3) 的实证结果,从第 (1) 列的回归系数看,各省份规划指标完成率与高质量发展指数具有显著的正相关性,规划指标完成率每提高 1%,高质量发展指数平均提高 1. 387%。上述实证结果验证了本章研究假设 H2:国民经济规划目标有效指导了我国高质量发展建设。

表 4 - 5   规划目标有效性检验结果

	Development			
	(1)	(2)	(3)	(4)
com	1. 387 *** (4. 02)			
comD		1. 445 *** (3. 42)		
comG			1. 245 *** (3. 14)	
comS				1. 455 *** (3. 92)
comE				0. 436 (−1. 27)
_cons	−0. 993 *** (−3. 69)	−0. 975 *** (−3. 14)	−0. 582 ** (−2. 49)	−1. 405 *** (−4. 33)
CONTROL	NO	YES	YES	YES
时间固定效应	YES	YES	YES	YES
个体固定效应	YES	YES	YES	YES
N	270	270	270	270
R²	0. 42	0. 57	0. 58	0. 44

注:***、** 和 * 分别表示估计结果在 1%、5% 和 10% 的显著性水平上显著;括号中的结果为估计结果的 t 检验值。

第（2）列为各省份规划指标中高质量发展类指标完成率 $comD_{it} = \frac{complete_{it}^{D}}{N_{ip}^{D}}$ ①对高质量发展指数影响的实证检验，在控制了国内外宏观经济环境影响的基础上，检验结果仍支持两者间的正向相关性，且通过了1%水平的显著性检验。

考虑到我国国民经济规划编制采取"分层决策、纵向引导"的原则（姜佳莹等，2017；吕捷等，2018）②，因此，在考察各省份规划指标完成情况时，必须考虑到各省份规划目标值的设定与其自身的经济发展水平间可能存在相关性，即经济发展差的地区倾向于制定较低的目标值，以保证其能够如期实现规划目标。对此，本章以国家五年规划指标的目标值为依据，构建了各省份相对于国家规划指标的完成率变量 $comG_{it} = \frac{complete_{it}^{G}}{N_{period}^{G}}$ ③，表4-5中第（3）列报告了该变量对高质量发展指数的影响，结果仍表明两者间具有显著的正相关性。

"十一五"规划以来，我国对规划指标属性进行了分类，对约束性指标采取严格的公报制度，加强了政府对约束性指标的完成责任。因此，表4-5第（4）列分别考察了各省份约束性指标和预期性指标的完

---

　　① 按照规划指标内容，将各省份规划指标中涉及创新发展、协调发展、绿色发展、开放发展和共享发展的指标归入高质量发展类指标。对高质量发展类指标完成情况的判断，仍采用本书第三章第一节提出的规划指标完成率测度方法。

　　② 在我国，国民经济规划体系的衔接是采取"分层决策、纵向引导"的原则。"十一五"以来，国民经济规划的编制流程为：首先，中央政府和地方政府进行信息交换，分别进行规划编制的前期工作；其次，党代会发布五年规划建议，各级地方党委严格服从建议的精神，调整、制定地方五年规划草案；再次，地方政府将规划草案上报国家发展和改革委员会，进行指标衔接，对地方政府不符合要求的指标进行调整；最后，各级规划分别提请人大审议。上述规划制定和衔接过程，保证了各级地方政府严格服从五年规划的建议精神，制定符合国家发展目标的规划指标，同时允许各地方政府根据本地发展实际，适度调整规划指标。

　　③ 具体的变量构建方法与上文相同。但需要注意的是，当国家五年规划中的目标值涉及全国加总值时，以年均增长率考察各省份应该完成值。比如，对国家"十一五"规划中的国内生产总值指标，按照年均7.5%的增长率作为各省份的目标值；对城镇基本养老保险覆盖人数指标，换算成5.1%的年均增长率，作为各省份的目标值。

成情况对高质量发展指数的影响①。实证结果表明，约束性指标完成率 $comS_{it}$ 对高质量发展指数具有正向影响，且通过了 1% 的显著性检验，但是预期性指标完成率 $comE_{it}$ 对高质量发展指数的影响不显著。该实证结果的可能解释为，从"十一五"开始，与高质量发展相关的指标逐步成为约束性指标，严格的公报制度加强了对其完成情况的考察。由此来看，加强对政府的考核是约束性指标区别于预期性指标显著促进高质量发展的可能原因。上述基于指标属性的异质性结果，为本书第五章进一步探讨政府治理机制对规划施政效果的影响提供了经验证据。

（二）异质性分析——基于五大发展领域视角

表 4-6 的第（1）~（5）列分别报告了规划指标完成率对高质量发展五大领域发展指数的实证影响。回归结果表明，规划完成情况对创新发展、绿色发展、开放发展以及共享发展具有显著正向的促进作用，尤其是对绿色发展而言，规划指标完成率具有较高的解释力。第（3）列的结果表明，规划指标完成率能够显著提升绿色发展水平，具体数量关系为规划指标完成率每提高 1%，绿色发展指数平均提高 1.462%。究其原因，一方面可能是各省五年规划对绿色发展相关的指标提出了明确的发展目标和要求，比如辽宁省"十二五"规划对"单位地区生产总值能源消耗降低率"指标提出了五年累积降低 17% 的量化目标，对于"污染物排放量减少"指标，不仅提出了五年累积减少的总目标值，也对各主要污染物减排目标进行了细化；另一方面是因为环境指标多为各省份的约束性指标，这加强了对指标完成情况的考察，提高了五年规划对地方政府施政行为的约束力。

---

① "十一五"时期，全国有 13 个省份对规划指标属性按照约束性指标和预期性指标进行分类，"十二五"时期全国有 27 个省份对规划指标属性按照约束性指标和预期性指标进行分类，"十三五"时期全国有 29 个省份对规划指标属性按照约束性指标和预期性指标进行分类。对此，在规划指标属性分类的检验中，剔除了未对指标属性进行划分的省份。

表 4 - 6   五大领域发展指数异质性检验结果

	DevelopmentA	DevelopmentB	DevelopmentC	DevelopmentD	DevelopmentE
	（1）	（2）	（3）	（4）	（5）
com	0.851 *** （3.2）	0.388 （1.29）	1.462 *** （3.40）	0.806 *** （5.05）	0.745 ** （2.43）
_cons	- 0.605 *** （- 2.97）	- 0.289 （- 1.39）	0.378 - 1.33	- 1.353 *** （- 4.51）	- 0.546 ** （- 2.20）
CONTROL	YES	YES	YES	YES	YES
时间固定效应	YES	YES	YES	YES	YES
个体固定效应	YES	YES	YES	YES	YES
N	270	270	270	270	270
R^2	0.29	0.22	0.46	0.22	0.39

　　注：*** 、** 和 * 分别表示估计结果在 1% 、5% 和 10% 的显著性水平上显著；括号中的结果为估计结果的 t 检验值。

　　除此之外，从第（1）列可知，五年规划指标完成率对创新发展具有显著的正向影响，表现为五年规划指标完成率每提高 1% ，创新发展指数平均提高 0.851% ，两者间的正向相关性通过了 1% 的显著性检验。这一方面反映了我国政府在创新发展中施政行为的有效性，另一方面也说明了政府投入对于引导创新活动的重要性。从第（4）列开放发展的回归结果来看，五年规划完成率每提高 1% ，开放发展指数平均提高 0.806% ，说明国民经济规划对提高对外开放发展水平的积极意义和有效性。从第（5）列的结果看，规划指标完成率与共享发展指数间具有显著的正相关性，表现为五年规划指标完成率每提高 1% ，共享发展指数平均提高 0.745% ，该结果通过了 5% 的显著性检验。

　　但对于协调发展而言，第（2）列的回归结果并未通过 10% 的显著性检验。究其可能的原因，一方面在于，城乡、区域和产业发展具有路径依赖性，协调各利益主体矛盾必须采取渐进式的改革路径，因此短期内难以快速实现协调发展；另一方面在于，五年规划中对协调发展相关指标的设置和考察不充分，表现为规划中协调发展指标较少且约束力和指导性不足，难以对地方政府施政行为产生影响，无法发挥国民经济规划对协调发展的推动作用。

（三）异质性分析——基于区域异质性视角

从以上检验结果来看，各省份规划指标完成情况对高质量发展具有显著的促进作用，对五大发展领域的异质性检验支持了上述结论的稳健性。但是考虑到我国各省份经济发展水平、社会治理水平存在较大的差距，因此有必要从区域视角对模型进行异质性分析。学术界普遍采用东、中、西部的区域划分方法考察地域差异的异质性影响。此处笔者也遵此惯例，从东部地区、中部地区和西部地区的角度对模型（4-3）进行了分组回归，表4-7报告了回归结果。东部地区规划指标完成率能够显著提高高质量发展指数，但是中部地区和西部地区两者间的正向促进作用并不显著。具体的数量关系为：东部地区五年规划指标完成率每提高1%，高质量发展指数平均提高0.788%，该结果通过了1%的显著性水平检验；中部地区五年规划指标完成率每提高1%，高质量发展指数平均提高0.180，但该结果并不显著；西部地区的回归结果表明两者间具有负相关性，但该结果未能通过显著性检验。

表4-7 区域异质性检验结果

	region 1	region 2	region 3
	（1）	（2）	（3）
com	0.788 *** (3.45)	0.180 (0.75)	-0.361 (-1.24)
_cons	0.513 *** (4.47)	-0.385 *** (-4.37)	-0.410 *** (-4.29)
CONTROL	YES	YES	YES
时间固定效应	YES	YES	YES

续表

	region 1	region 2	region 3
	(1)	(2)	(3)
个体固定效应	YES	YES	YES
N	121	88	121
R^2	0.47	0.43	0.16
Number of id	11	8	11

注：***、**和*分别表示估计结果在1%、5%和10%的显著性水平上显著；括号中的结果为估计结果的t检验值。

对此，可能存在以下几点原因，能够解释上述实证结果的较大异质性。东部地区包括北京、天津、河北等11个经济发达的沿海省份，中部地区为山西、安徽等内陆省份，西部地区为甘肃、青海等经济发展相对落后的省份。相对而言，东部各省份的经济发展水平高、对外开放程度大、人力资本更富集、法治环境及市场环境更完善，上述区域环境的优势是确保地方政府实现五年规划指标和主要任务的基本保障。具体来看，经济总量规模能够为地方政府实现五年规划各项指标和各项发展任务提供必要的财力支撑，在一定程度上缓解了各级地方政府资源配置的财政约束。对外开放发展水平越高，越有利于促进区域产品市场和要素市场发展及法治环境建设的优化。人力资本集聚为高质量发展提供了必要的人才支撑，尤其是在创新发展领域，人才是创新的动力源和微观主体。地方政府推动创新发展，主要是为人才搭建创新载体和培育人文环境。如果没有人才的集聚，即使地方政府完成了五年规划所列的任务安排，如建设创新孵化中心、科技交流平台等，也很难实质性地带动地方创新发展水平的提高。法治环境建设和市场环境建设的完善，为地方政府完成五年规划指标和具体任务提供了高效运作的竞争环境和必要的、有力的监督环境。综上所述，区域间市场环境的差异是导致区域异质性实证结果的可能原因。本书将在第六章进一步研究市场化改革对国民经济规划施政效果的影响。

三、中介机制检验

国民经济规划推动高质量发展是一个较为复杂的过程，地方政府为实现其发展规划目标，需要完成规划中制定的各项任务安排。地方政府的财政投入是政府组织、引导与推动重点任务和重大工程实现的具体抓手。

对此，本章进一步实证检验了财政支出的中介效应，结果如表4-8和表4-9所示。表4-8报告了规划指标完成率对财政支出结构的影响，第（1）~（7）列的被解释变量分别为高质量发展财政支出 fs_{it}、教育财政支出 $edufs_{it}$、科技财政支出 $scifs_{it}$、环保财政支出 $environfs_{it}$、医疗卫生财政支出 $healfs_{it}$、城乡社区服务财政支出 $comfs_{it}$ 以及社会保障财政支出 $insurfs_{it}$。从回归结果看，第（1）列表明规划指标完成率每提高1%，高质量发展财政支出占比平均提高0.01866%，该结果通过了1%的显著性水平检验。从各分项财政支出的回归结果来看，第（3）~（5）列分别报告了规划指标完成率对科技财政支出、环境保护财政支出、医疗卫生财政支出具有显著的促进作用，以上结果均通过了1%的显著性检验；第（6）列表明规划指标完成率每提高1%，社区服务财政支出显著提高了0.0382%，该结果通过了10%的显著性检验。第（2）列的回归系数表明规划指标的完成率提高了教育财政支出，但结果并未能够通过10%的显著性检验。而第（7）列的回归结果则表明规划指标完成率的提高，反而显著降低了社会保障财政支出占比。

表4-8 模型（4-4）检验结果

	(1)	(2)	(3)	(4)	(5)	(6)	(7)
	fs	edufs	scifs	environfs	healfs	comfs	insurfs
com	0.01866 ***	0.0109	0.0201 ***	0.0138 ***	0.00249 ***	0.0382 *	-0.0492 ***
	(0.47)	(1.07)	(4.36)	(3.29)	(3.57)	(1.94)	(3.49)

续表

	（1）	（2）	（3）	（4）	（5）	（6）	（7）
	fs	edufs	scifs	environfs	healfs	comfs	insurfs
_cons	0. 487 *** (33. 32)	0. 166 *** (18. 54)	0. 00425 (1. 14)	0. 0396 *** (9. 04)	0. 0505 *** (13. 8)	0. 0505 *** (3. 46)	0. 176 *** (13. 37)
CONTROL	YES	YES	YES	YES	YES	YES	YES
时间固定效应	YES	YES	YES	YES	YES	YES	YES
个体固定效应	YES	YES	YES	YES	YES	YES	YES
N	270	270	270	270	270	270	270
R^2	0. 163	0. 101	0. 047	0. 065	0. 416	0. 074	0. 122

注：*** 、 ** 和 * 分别表示估计结果在1% 、5% 和10% 的显著性水平上显著；括号中的结果为估计结果的 t 检验值。

表4-9　　　　　　　　　　模型（4-5）检验结果

	（1）	（2）	（3）	（4）	（5）	（6）	（7）
	fs	edufs	scifs	environfs	healfs	comfs	insurfs
Coef.	0. 9008 *** (7. 52)	0. 2128 (0. 82)	0. 6107 *** (21. 3)	0. 3115 *** (4. 45)	0. 2675 *** (4. 66)	0. 1100 *** (8. 49)	0. 8632 *** (4. 94)
_cons	- 4. 402 *** (7. 38)	0. 414 (0. 83)	- 1. 134 *** (15. 16)	0. 956 *** (3. 83)	1. 443 *** (4. 54)	- 0. 827 *** (5. 96)	1. 242 *** (4. 25)
CONTROL	YES	YES	YES	YES	YES	YES	YES
时间固定效应	YES	YES	YES	YES	YES	YES	YES
个体固定效应	YES	YES	YES	YES	YES	YES	YES
N	270	270	270	270	270	270	270
R^2	0. 18	0. 006	0. 734	0. 125	0. 101	0. 287	0. 083

注：*** 、 ** 和 * 分别表示估计结果在1% 、5% 和10% 的显著性水平上显著；括号中的结果为估计结果的 t 检验值。

上述各分项指标检验结果存在差异的可能原因在于：其一，本模型的被解释变量是各项财政支出占比，是相对量而不是绝对量。相对而言，社会保障财政支出是以特定人群数量为基础的具有较强刚性的财政支出项目，当国民经济规划对其他领域的发展提出明确的发展任务后，相关领域的政府财政支出将提高，而社会保障支出相对变动较小。此时，规划指标完成率并未显著促进社会保障支出占比提高。其二，在我国，教育领域主要是依靠国家财政支持，一直以来，财政支出的很大比例都用于发展教育事业，与社会保障支出相似，是具有一定刚性的财政支出项目，故导致规划指标完成率并未显著提高教育财政支出占比。

本章对各项财政支出与高质量发展指数的相关性进行了检验，实证结果如表4-9所示。第（1）列为高质量发展财政支出对高质量发展指数的回归检验结果，结果表明高质量发展财政支出占比每提高1%，高质量发展指数平均提高0.9008%，该结果通过了1%的显著性水平检验。第（2）~（7）列为具体的各项财政支出对高质量发展指数提高的影响效果，从各分项指标的回归系数来看，各领域的财政支出能够显著促进高质量发展。除第（2）列的回归系数不显著外，其他变量的回归系数均通过了显著性检验。

上述实证结果验证了国民经济规划的任务安排是规划推动高质量发展的有效路径。

第四节 本章小结

本章从国民经济规划的发展理念、发展目标和任务安排三个路径出发，通过相应的文献引述和逻辑推演，提出了本章的实证研究假设 H1 ~ H4。

为检验研究假设 H1，本章构建了平均政策效应模型（4-1）和动态政策效应模型（4-2），检验国民经济规划的实施对高质量发展水平的政策效应。实证结果初步验证了研究假设 H1，即国民经济规划的发展理念能够引领高质量发展建设。

为检验研究假设 H2，本章通过检验实证模型（4-3），验证了实施规划目标能够显著正向地促进高质量发展建设。为确保实证结果的稳健性，本章对规划指标完成率变量进行了拓展，构建了高质量发展类规划指标完成率、各省份相对于国家的规划指标完成率、约束性指标完成率以及预期性指标完成率。除了预期性指标完成率对高质量发展的影响不显著外，上述其他变量对高质量发展指数均具有显著的正向影响。不同属性指标存在显著的异质性检验结果，这为本书第五章进一步探讨政府治理机制对于规划施政效果的影响提供了研究证据。在此基础上，本章进一步对五大领域发展指数进行了异质性检验，除了协调发展外，其他领域的回归结果仍然支持了国民经济规划对高质量发展的推动作用；在分区域的回归检验中，东部地区的结果显著为正，而中部和西部地区的回归结果并不显著。区域异质性的回归结果为本书第六章进一步考察市场化改革对国民经济规划施政效果的影响提供了经验证据。

为了检验研究假设 H3 和假设 H4，本章构建了模型（4-4）和模型（4-5）实证检验了财政支出的中介机制。模型（4-4）的实证结果表明，国民经济规划的实施显著提高了高质量发展财政支出。模型（4-5）的实证结果表明，高质量发展财政支出显著促进了高质量发展。在对各项财政支出进行异质性检验时，结果表明科技、环保、医疗卫生、城乡社区事务以及社会保障财政支出的中介效应显著。

第五章

国民经济规划推动高质量发展的
政府治理机制检验

本书第四章验证了国民经济规划对于推动高质量发展的积极作用。其中，基于规划指标属性的异质性检验结果，在一定程度上揭示了政府治理对于规划施政效果可能存在影响。基于此，本章从规划执行主体的视角，检验了国民经济规划推动高质量发展的政府治理机制。首先，本章构建了"中央政府—地方政府—企业"三方主体的理论模型，系统地论述了目标治理机制和资源约束机制并提出了本章的实证研究假设；其次，本章将省级主政官员的晋升激励、任期、社会关系等官员的微观数据应用于实证分析，实证检验了政府官员的目标治理机制对于国民经济规划推动高质量发展建设的影响；再次，本章从财政收入分权和财政支出分权两方面，检验了财政分权体制下的资源约束机制对国民经济规划推动高质量发展建设的影响；最后，本章进一步分析了官员的个体特征对于国民经济规划推动高质量发展的异质性影响。

第一节 理论模型与研究假设

一、模型背景

国民经济规划的实施依赖于各级地方政府对规划的发展理念、发展目标和任务安排的具体落实。作为规划实际执行人的地方政府官员是理性的政治经济行为主体，其行为选择外化为地方政府的施政行为。事实上，从官员行为的视角探讨地方政府对于经济建设影响的研究，已经逐渐形成了经济学者扎根于中国国情的最具有解释力和生命力的理论体系（Qian et al.，1997；周黎安，2004，2007，2018）。在以向上集中的官员治理体制和财政分权（张军等，2007；傅勇等，2007）为主的政府治理体制下，政府官员的行为选择受到政治晋升的激励与财政能力的约束。

目前，已有大量学者论证了官员的晋升激励是解释我国经济高速增长不可忽视的动力来源。最具代表性的晋升锦标赛理论（周黎安，2007）、行政发包制理论（周黎安，2018），论证了作为"政治代理人"的地方政府官员在向上集中的官员治理体制下，积极施政以迎合与满足上级的发展目标（Besley & Case，1995）。长期以来，中央政府推行"唯GDP"的官员考核标准，为官员积极投身于经济建设提供了强烈的政治激励。除此之外，财政能力是支撑地方政府施政行为的经济基础（Tiebout，1956；Stigler，1957；Musgrave，1959；Oates，1972；Weingast，1995）。基于对中国经济发展实践的考察，部分学者论证了我国央地间的财政分权制度有效促进了地方政府为地区经济增长积极执政（傅勇，2010；陶然等，2009；Xu，2011）。也有部分学者如范子英等（2009）、辛方坤（2014）关注到财政分权是地方政府开展经济建设的资源约束，地方政府为获得财政收入，过度投入于地区经济增长建设，而对经济发展质量的提高积极性不足。

二、模型主体假设

基于上述背景，假设本模型的主体为中央政府 C，两个地方政府 1和 2，每个地区各有一家企业分别为企业 1 和企业 2。对模型主体的目标及行为的进一步假设如下：

（一）中央政府目标与行为

本模型假设中央政府 C 以转变经济发展方式、实现高质量发展为目标。具体到本模型中，中央政府目标为 $U_C = A_1 + A_2$，其中 A_i（$i = 1$，2）为各地区的高质量发展水平。中央政府通过向上集中的官员治理体制和财政分权体制，委托各地方政府负责地区经济发展建设。其中，向上集中的官员治理体制表现为中央政府能够通过比较两个区域的高质量发展水平 A_i，决定官员是否获得晋升。财政收支分权体现为对地方政府经济资源的约束性和激励性，表现为各地方政府财政能力的"自负盈亏"。由此，本模型可做进一步简化假设，即中央政府与地方政府间的分成比例为 0 和 1，即央地间不存在收支分成和转移支付。

（二）地方政府动机与行为

我国各级地方政府及其部门实行"首长负责制"，主政官员具有资源支配的绝对主导地位，因此地方政府行为动机能够具化到地方官员的效用中。按照徐干等（2018）的研究，地方政府官员的效用可以概括为"名、权、利"三个方面："名"是指官员职位晋升获得的晋升效用；"权"是指官员以权谋私的腐败收益；"利"是指官员从事本职工作而换得的劳务报酬收入。

在本模型中，假设地方官员的效用函数 $U = V + B + M$，其中 V 表示地方官员的晋升效用，它是官员职位晋升激励 I 与晋升可能性的函数 Pr，而晋升可能性取决于地方政府考核指标的相对完成情况。在高质量发展的绩效考核目标下，假设 $Pr_i = Pr(A_i \geqslant A_j)$，信号扰动项分别为 ε_i 和 ε_j 且服从 $\left[-\dfrac{1}{2w}, \dfrac{1}{2w} \right]$ 的均匀分布。官员的寻租腐败效用 B 与经济规模息息相关，假设其函数形式为 $B = bY$，其中 b 可视为官员获得腐败收益的可能性。官员的收入效用来自于财政支出中的行政费用开支 z，具体函数形式为 $M = mz$，其中 m 可视为收入比例系数。

地方政府官员以效用最大化为目标，决定政府财政资金的投向。本模型从财政支出的风险与周期维度定义了增长型支出 y 与发展型支出 x。在模型中,增长型支出 y 能够直接进入企业的利润函数中,直接增加了企业的收益,由此体现了增长型财政支出的低风险和短周期的特点。发展型支出 x 为地方政府向创新、协调、绿色、开放、共享五大领域的财政投入,无论是政府培育创新动能的财政支出,还是投资于教育、医疗、卫生等领域的公共支出,与增长型支出相比,发展型支出具有风险大且周期长的特点。对此,本模型将高质量发展函数设定为 $\Delta A_i = \xi_i A_i^{t=0} \sqrt{x_i}$,其中 $A_i^{t=0}$ 为各地区初始的高质量发展水平,ξ_i 为高质量发展函数的投入产出系数,该系数综合反映了高质量发展建设的风险性、不确定性,也体现了体制机制环境对高质量发展建设的差异性影响,甚至可以捕捉官员能力的影响。除此之外,政府的财政资金配置还包括维持政府运转的行政费用开支 z,包括为政府官员发放的工资以及为维持政府正常运转所必要的行政费用支出。综上所述,本模型假设地方政府的财政资金配置集为 $\Phi_i = [x_i, y_i, z_i]$。

(三) 企业目标与产量竞争

本模型假设两地区的企业 1 和企业 2 同处于一个产品市场中进行古诺产量竞争,面临的产品需求为 $P = a - (Q_1 + Q_2)$。假设两家企业均无固定成本投入,各地区的高质量发展水平能够影响本地企业的边际成本,则此时两家企业的成本函数分别为 $C_1 = c_1 Q_1$,$C_2 = c_2 Q_2$。

三、各主体行动路线

本模型假设中央政府对地方政府官员的绩效考察期为一年,即 $t = 0$ 为考察初始时刻,$t = 1$ 为考察期末。中央政府、地方政府以及企业的行动路线如图 5 − 1 所示。

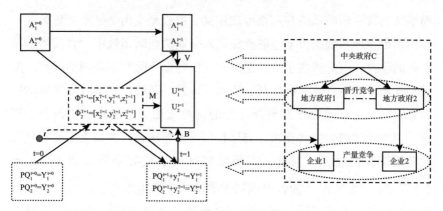

图 5-1 各主体行动路线

资料来源：笔者绘制。

四、模型求解与研究假设

(一) 模型求解

1. 企业最优产量

由上述假设可知，两家企业的利润函数分别为：

$$\pi_1 = Q_1(a - Q_1 - Q_2) - c_1 Q_1 + y_1$$

$$\pi_2 = Q_2(a - Q_1 - Q_2) - c_2 Q_2 + y_2$$

两家企业在古诺竞争的市场环境中，企业 1 和企业 2 的最优产量分别为：

$$Q_1^* = \frac{(2a + c_2 - 2c_1)}{3}, \quad Q_2^* = \frac{(2a + c_1 - 2c_2)}{3}$$

2. 地方政府效用

按照模型假设，地方政府效用为 $U_i = I_i \times \Pr(A_i \geqslant A_j) + B_i + M_i$。具体来看，地方政府 1 的效用为：

$$U_1 = I_1 \times \Pr(A_1 \geqslant A_2) + B(Y_1) + M(z_1)$$

$$= V_1 \times \Pr(A_1^{t=0} + \xi_1 A_1^{t=0} \sqrt{x_1} + \varepsilon_1 \geqslant A_2^{t=0} + \xi_2 A_2^{t=0} \sqrt{x_2} + \varepsilon_2) + bY_1 + mz_1$$

地方政府 1 的约束函数为 $x_1 + y_1 + z_1 \leqslant \Phi_1$。为简化求解过程，假设

地方政府每一期的财政收支平衡。由此，地方政府可以对本期全部财政资源进行配置，则约束条件就简化为 $x_1 + y_1 + z_1 = \Phi_1$。

如果信号扰动项服从 $\left[-\dfrac{1}{2w}, \dfrac{1}{2w} \right]$ 的均匀分布，地方政府 1 的目标函数为：

$$U_1 = I_1 \times \int_{-\frac{1}{2w}}^{A_1^{t=0} - A_2^{t=0} + \xi_1 A_1^{t=0}\sqrt{x_1} - \xi_2 A_2^{t=0}\sqrt{x_2}} w dx + b\left(\frac{2a + c_2 - 2c_1}{3} + y_1 \right) + mz_1$$

将约束条件代入地方政府 1 的目标函数，可得：

$$U_1 = I_1 \times w \left[\left(A_1^{t=0} - A_2^{t=0} + \xi_1 A_1^{t=0}\sqrt{x_1} - \xi_2 A_2^{t=0}\sqrt{x_2} \right) + \frac{1}{2w} \right] +$$

$$b\left(\frac{2a + c_2 - 2c_1}{3} + y_1 \right) + m(\Phi_1 - x_1 - y_1)$$

求解 $\dfrac{\partial U_1}{\partial x_1} = 0$，$\dfrac{\partial U_1}{\partial y_1} = 0$，得 $x_1^* = \left(\dfrac{I_1 w \xi_1 A_1^{T=0}}{2m} \right)^2$，且 $b = m$。①

3. 中央政府效用

由于两个地区的高质量发展提升水平为 $\Delta A_i^* = \xi_i A_i^{t=0}\sqrt{x_i^*}$，如果中央政府以提高高质量发展水平为目标，则中央政府效用函数为：

$$U_C = A_1^{t=0} + \xi_1 A_1^{t=0}\sqrt{x_1^*} + A_2^{t=0} + \xi_2 A_2^{t=0}\sqrt{x_2^*}$$

（二）模型分析与研究假设

由模型可知，$\dfrac{\partial \Delta A_i^*}{\partial I_i} > 0$，$\dfrac{\partial x_i^*}{\partial I_i} > 0$ 表示各地高质量发展提升水平与晋升激励间正相关，地方政府 1 的发展型支出与晋升激励正相关，即官员的晋升效用越强，政府的发展型支出投入越多，高质量发展提升水平越高。由此来看，向上集中的官员治理体制下的晋升激励与国民经济规划体系综合形成的目标治理机制，有利于国民经济规划推动高质量发展建设。对此，本章提出研究假设 H1：官员晋升激励能够强化国民经济

---

① 由于地方政府 2 的最优化求解过程与地方政府 1 相同，且省略对地方政府 2 的最优化求解并不影响模型分析，故此处省略了模型 2 的求解过程。

规划推动高质量发展建设的促进效果（见图5-2）。

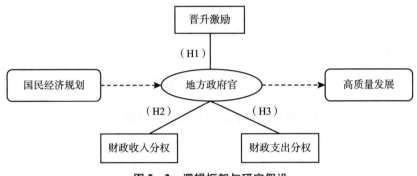

图 5-2 逻辑框架与研究假设

资料来源：笔者绘制。

当 $x_1^* \geq \Phi_1$ 时，地方政府的发展型支出受制于各地财政能力。在我国现行的财政分权体制下，本模型所指的 Φ_i 取决于财政收入分权和财政支出分权两方面，即财政收入分权程度越大，Φ_i 越大；财政支出分权程度越大，Φ_i 越小。由此可知，财政收入分权有利于提高各地方政府的发展型支出和高质量发展水平，而财政支出分权不利于提高各地方政府的发展型支出和高质量发展水平。由此来看，财政分权体制与国民经济规划体系综合形成了资源约束机制，影响国民经济规划的施政效果。

综上分析，本章提出研究假设 H2：财政收入分权有利于国民经济规划推动高质量发展建设；H3：财政支出分权不利于国民经济规划推动高质量发展建设。

第二节 计量模型设定与变量说明

一、模型设定

为检验上述研究假设 H1 ~ H3，在第四章实证模型的基础上，本章引入了晋升激励变量 incentive_{it}、财政收入分权变量 frd_{it} 以及财政支出分权变量 fed_{it}，构建实证模型（5-1）~模型（5-3）：

$$\text{Development}_{it} = \alpha_0 + \alpha_1 \text{com}_{it} + \alpha_2 \text{incentive}_{it} + \alpha_3 \text{com}_{it} \times$$
$$\text{incentive}_{it} + \alpha_4 \text{CONTROL}_{it} + \gamma_t + \eta_i + \varepsilon_{it} \quad (5-1)$$

$$\text{Development}_{it} = \beta_0 + \beta_1 \text{com}_{it} + \beta_2 \text{frd}_{it} + \beta_3 \text{frd}_{it} \times \text{com}_{it} +$$
$$\beta_4 \text{CONTROL}_{it} + \gamma_t + \eta_i + \varepsilon_{it} \quad (5-2)$$

$$\text{Development}_{it} = \theta_0 + \theta_1 \text{com}_{it} + \theta_2 \text{fed} + \theta_3 \text{fed}_{it} \times \text{com}_{it} +$$
$$\theta_4 \text{CONTROL}_{it} + \gamma_t + \eta_i + \varepsilon_{it} \quad (5-3)$$

二、变量说明

（一）晋升激励

在"首长负责制"（徐干等，2018）下，主政官员对于实现政府职能具有决定性影响。因此，本章以各省份的省长和省委书记为研究对象，检验其晋升激励对国民经济规划施政效果的影响。熊瑞祥等（2017）的研究指出，我国省级官员 65 岁退休，如果在任时年龄超过 62 岁（考虑官员的平均任期为 3 年），其晋升可能性急剧下降；如果在任时年龄低于 62 岁，存在晋升的可能，且年龄越接近 62 岁，官员的晋升激励越大。依此逻辑，本章构建官员的晋升激励变量 incentive_{it} 如下所示。该变量所需官员的数据来自国泰安人物特征数据库以及百度百科官员简历。

$$\text{incentive}_{it} = \begin{cases} \dfrac{1}{(62 - \text{age}_{it})} & \text{age}_{it} < 62 \\[2mm] 1 & \text{age}_{it} = 62 \\[2mm] 0 & \text{age}_{it} > 62 \end{cases}$$

（二）财政分权

参考韩国高等（2018）的研究，本章将财政收入分权变量 frd_{it} 设为各省份的省级财政收入占全国财政收入比，财政支出分权变量 fed_{it} 为各省份的省级财政支出占全国财政支出比，上述变量所需数据均来自国家统计局数据库。

以上变量的描述性统计如表5-1所示。

表5-1　　　　　　　　　变量的描述性统计

变量	incentive	incentive1	frd	fed
均值	0.328	0.236	0.017	0.027
最大值	1	1	0.066	0.074
最小值	0	0	0.001	0.005
标准差	0.342	0.361	0.013	0.013
方差	0.117	0.131	0	0
样本量	270	270	270	270

资料来源：笔者绘制。

第三节　实证结果与分析

一、基准回归

为检验政府治理体制对于国民经济规划施政效果的影响，对上述模型（5-1）~模型（5-3）进行回归，具体结果见表5-2。

表 5-2　基准回归结果

变量	晋升激励				变量	财政分权			
	(1)	(2)	(3)	(4)		(5)	(6)	(7)	(8)
com	1.452*** (4.02)	1.723*** (3.71)	1.385*** (3.92)	1.799*** (3.9)	com	0.285 (0.91)	1.092** (2.55)	0.850** (2.51)	1.705** (2.45)
incentive	0.111 (0.51)	0.77 (0.81)			frd	46.29*** (10.37)	39.95*** (3.55)		
com × incentive		0.885*** (3.66)			frd × com		54.43*** (3.82)		
incentive1			0.300* (1.67)	0.841 (1.19)	fed			28.13*** (8.62)	56.09** (2.4)
com × incentive1				1.531* (1.74)	fed × com				-34.89** (-2.22)
_cons	-1.086*** (-3.60)	-1.291*** (-3.74)	-0.920*** (-3.36)	-1.233*** (-3.48)	_cons	-0.878*** (-3.87)	-1.507*** (-4.57)	-1.309*** (-5.42)	-1.987*** (-3.66)
CONTROL	YES	YES	YES	YES	CONTROL	YES	YES	YES	YES
时间固定效应	YES	YES	YES	YES	时间固定效应	YES	YES	YES	YES
个体固定效应	YES	YES	YES	YES	个体固定效应	YES	YES	YES	YES
N	240	240	240	240	N	270	270	270	270
R^2	0.046	0.049	0.056	0.064	R^2	0.409	0.419	0.179	0.183

注：***、**和*分别表示估计结果在 1%、5% 和 10% 的显著性水平上显著；括号中的结果为估计结果的 t 检验值。

第（1）~（2）列中的晋升激励变量是以省长为样本构建的指标，从实证回归结果来看，官员的晋升激励对于高质量发展建设具有促进作用。具体来看，第（1）列的回归系数表明晋升激励对高质量发展具有直接的促进作用，但是该结果并未通过 10% 的显著性水平检验；第（2）列中 $com_{it} \times incentive_{it}$ 的回归系数为 0.885 且通过了 1% 的显著性水平检验。这说明虽然官员的晋升激励不能够对地区高质量发展水平的提高起到直接的促进作用，但是晋升激励越强，越能够发挥国民经济规划推动高质量发展的施政效果。上述实证结果验证了本章研究假设 H1，即晋升激励越强，官员越有动机实现规划指标，从而更有效地提升了高质量发展水平。第（3）列和第（4）列是以各省的省委书记为样本构造的官员晋升激励变量，与第（1）列和第（2）列的回归结果相比，省委书记的晋升激励对国民经济规划的施政效果具有更强的正向促进作用，表现为省委书记样本组的 $com_{it} \times incentive1_{it}$ 变量前的回归系数 1.531 高于以省长为样本的交互项 $com_{it} \times incentive_{it}$ 前的回归系数 0.885，两者间的差距为学者进一步研究我国官员治理体制提供了可能的经验性证据。

第（5）列~第（8）列为财政分权对于国民经济规划推动高质量发展建设的影响，第（5）列的结果表明，财政收入分权对于高质量发展水平的提高具有直接的正向影响，回归系数为 46.29 且通过了 1% 的显著性检验。第（6）列中交互项 $frd_{it} \times com_{it}$ 前的系数为正且通过了 1% 的显著性检验，验证了本章的研究假设 H2。第（7）列的结果表明，财政支出分权对于高质量发展水平的提高具有显著的正向促进作用。而第（8）列的交互项 $fed_{it} \times com_{it}$ 前的回归系数表明财政支出分权不利于国民经济规划推动高质量发展建设。

二、稳健性检验

除了替换主政官员样本进行稳健性检验外，本章沿用第四章稳健性检验的思路，使用变量 $comD_{it}$、$comG_{it}$、$comS_{it}$、$comE_{it}$ 对模型再次进行回归。从表 5-3 可知，较为一致的回归结果验证了本章结论的稳健性。

表 5 - 3

稳健性检验结果

变量	comD			comG			comS			comE		
	incentive	frd	fed	incentive	frd	fed	incentive	frd	fed	incentive	frd	fed
	(1)	(2)	(3)	(4)	(5)	(6)	(7)	(8)	(9)	(10)	(11)	(12)
	0.995*** (6.96)			0.778*** (3.4)			1.185*** (12.6)			0.585*** (6.12)		
		61.31*** (5.74)			50.64* (1.64)			66.51*** (5.84)			60.531*** (4.74)	
交互项			-31.91*** (-7.74)			-32.1*** (-3.46)			-38.20*** (-11.35)			-31.233*** (-6.48)
CONTROL	YES	YES	YES	YES	YES	YES	YES	YES	YES	YES	YES	YES
时间固定效应	YES	YES	YES	YES	YES	YES	YES	YES	YES	YES	YES	YES
个体固定效应	YES	YES	YES	YES	YES	YES	YES	YES	YES	YES	YES	YES
N	240	240	240	240	240	240	240	240	240	240	240	240
R^2	0.045	0.449	0.223	0.049	0.353	0.198	0.060	0.488	0.145	0.054	0.510	0.044

注：***、**和*分别表示估计结果在1%、5%和10%的显著性水平上显著；括号中的结果为估计结果的 t 检验值。

第四节　进一步的研究：考虑官员个体特征

一、实证研究假设

在官员行为与经济发展关系的研究领域，一部分学者将视角进一步深入，研究官员任期、籍贯、学历、专业等个体特征对地区经济社会发展的影响。

以官员任期为视角的代表性研究包括以下一些：张军等（2007）通过对省级官员样本的实证分析，提出官员任期与经济增长具有"倒 U 形"关系。在此基础上，谭之博等（2015）检验了官员任期对地区固定资产投资和信贷投放量的影响，发现两者间也具有"倒 U 形"关系。但也有学者的研究发现两者并非"倒 U 形"关系，如耿曙等（2016）实证检验了省级官员样本，他发现官员任期越长，地区的投资越多，即两者间具有显著的正相关关系。他认为不确切可知的官员任期制度，强化了官员持续投入经济建设的政治激励。庞保庆等（2016）也认为中国的不固定任期制度是导致官员任期与经济绩效显著正相关的重要原因。顾海兵等（2013）对市级主政官员进行了实证检验，他发现官员的平均任期与经济增长率具有正相关关系，且这一规律在市场化程度高的地区更为显著。除此之外，少部分学者研究了官员任期对民生发展、公共品投入的影响。罗党论等（2015）以地级市官员为样本进行实证检验，发现官员任期与公共品投入具有"倒 U 形"关系。王媛（2016）的研究认为，地方官员倾向于在任期的关键时点，增加具有经济增长效应的公共品支出。

由于样本对象、考察期、研究视角的不同，学者对官员任期与经济发展的研究得出了不完全一致的结论。但是上述研究都论证了官员任期能够影响到官员的晋升激励，进而影响到地区经济发展建设。

　　除了晋升激励外，官员的腐败动机也是解释官员个体特征与经济发展相关性的重要原因，代表性研究有：梁平汉等（2014）实证考察了2004～2011年我国地级市官员的任期对地区环境污染水平的影响。他认为地方官员的任期越长，"政企合谋"的可能性越强，从而不利于环境污染治理。李后建等（2014）、曹伟等（2016）从官员任期、腐败的角度，研究官员行为对企业创新、纳税行为的影响。上述研究均佐证了官员任期与腐败间可能存在的相关性。也有部分学者关注到官员的异地交流经历对官员腐败产生影响，进而影响地区经济发展建设（陈刚等，2012）。

　　除此之外，也有部分学者考察了官员能力对区域经济发展的影响，比如张尔升等（2013）认为官员的专业背景对地区经济建设有显著影响。在此基础上，徐宏等（2018）的研究表明金融专业的官员在东部和中部地区任职更能够发挥专业优势。祁凡骅等（2019）研究了百强市的市委书记个人特征与经济增长的关系，表明市委书记的年龄与经济增长呈现"倒U形"关系，但是市委书记的性别、学位、本科学校性质、基层工作经历与GDP增幅没有表现出显著相关关系。

　　如上所述，官员的个体特征影响经济发展的研究逻辑已经获得学界较为普遍的关注。基于此，本章借鉴汉布里克（Hambrick）于1984年提出的高阶理论①，将地方政府官员的个体特征纳入国民经济规划推动高质量发展的施政过程中。本章认为官员的任期、社会关系、性别和专业能够影响到官员实施国民经济规划推动高质量发展的预期收益和预期成本，进而对国民经济规划推动高质量发展的施政效果产生异质性影响。对此，本章提出研究假设H4：官员的个体特征对于国民经济规划的施政效果具有不同程度的影响。

---

　　① 高阶理论是指以人的有限理性为前提，将领导者的个人特征、战略选择、组织绩效纳入高阶理论研究的模型中，强调领导者的人口统计学特征会影响管理者的认知模式，从而对组织绩效产生影响。

二、计量模型设定与变量说明

（一）模型设定

为检验研究假设 H4，本章构建如下模型（5-4），其中 $individual_{itk}$ 代表官员个体特征变量。

$$Development_{it} = \omega_0 + \omega_1 com_{it} + \sum_k \omega_k com_{it} \times individual_{itk}$$
$$+ \omega_2 CONTROL_{it} + \gamma_t + \eta_i + \varepsilon_{it} \qquad (5-4)$$

（二）变量说明

本章考察的官员个体特征包括官员任期 $tenure_{it}$、社会关系 $relation_{it}$、性别 sex_{it}、专业 $major_{it}$，具体变量设置如表 5-4 所示。上述官员个体特征变量所需数据来自国泰安人物特征数据库及百度百科官员简历。

表 5-4　　　　　官员个体特征变量的含义和构建方法

变量	变量名	具体含义及构建方法
$tenure_{it}$	官员任期	如果官员任职月份为 1~6 月，视为当年入职；如果官员任职月份为 7~12 月，视为次年任职。官员任期通过计算考察年与任职年的差值计算而得。对官员任期进行分组，其中任期不足 2 年的视为短期，设置为 $tenure_{it}=1$；任期 2~4 年为中期，设置为 $tenure_{it}=2$；任期超过 4 年的视为长期，设置为 $tenure_{it}=3$
$relation_{it}$	社会关系	$relation_{it}=1$ 表示主政官员籍贯与任职地同属于一个省份，可视为具有社会关系网；$relation_{it}=0$ 表示主政官员籍贯与任职地不同属于一个省份，可视为其不具有较强的社会关系网
sex_{it}	性别	$sex_{it}=1$ 表示主政官员性别为男；$sex_{it}=0$ 表示主政官员性别为女
$major_{it}$	专业	$major_{it}=1$ 表示主政官员获得最高学位的专业为经济管理类；$major_{it}=0$ 表示主政官员获得最高学历的专业非经济管理类

资料来源：笔者绘制。

模型（5-4）的样本期间为 2007~2017 年（除 2011 年与 2016 年外），剔除数据缺失和非平衡样本后，共涵盖 30 个省份（除西藏外）270 个观测值。变量的描述性统计如表 5-5 所示。

表 5-5　　　　　　　　变量的描述性统计

	tenure	relation	edu	major
均值	1.988	0.192	1.9	0.696
最大值	3	1	3	1
最小值	1	0	0	0
标准差	0.7	0.394	0.658	0.461
方差	0.489	0.156	0.433	0.213
样本量	270	270	270	270

资料来源：笔者绘制。

三、实证结果与分析

模型（5-4）的实证检验结果表明（见图 5-3），当官员任期较短时，国民经济规划未能显著推动高质量发展建设；当官员任期为中期时，更能够充分地发挥国民经济规划推动高质量发展建设的施政效果；当官员任期过长时，虽然国民经济规划能够正向促进高质量发展建设，但与中期任职相比，其效果与显著性较差。这些结论虽然与已有研究如谭之博等（2015）、曹春方等（2014）、李后健等（2014）、罗党论等（2015）的实证结论不完全相同，但都佐证了官员任期对于经济发展建设具有显著的影响。对于官员性别是否影响国民经济规划的施政效果，本章的实证检验结果表明，女性主政官员任职更能够有效发挥规划目标对高质量发展提升的促进作用。主政官员专业的异质性检验结果表明，具有经济管理类专业背景的主政官员任职更能够发挥国民经济规划的施政效果。当地方主政官员不具备社会关系网络时，国民经济规划能够显著提高高质量发展水平，当地方官员拥有较强的社会关系时，国民经济规划难以显著推动高质量发展建设。

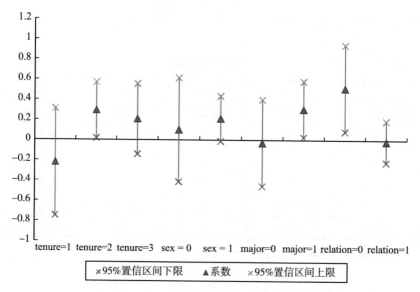

图 5 - 3　官员个体特征的异质性检验

资料来源：笔者绘制。

从以上异质性的实证结果来看，地方主政官员的个人情况是影响国民经济规划施政效果不可忽视的因素，尤其是主政官员的社会关系、任期与专业对国民经济规划施政效果的影响不可忽视。上述研究为从官员治理角度研究如何推动高质量发展建设提供了更细致的经验性证据①。

第五节　本 章 小 结

本章从地方政府治理的视角，检验了国民经济规划推动高质量发展

---

① 值得说明的是，此处笔者虽然未深入展开对具体影响机制的探究，但也为后续学者深入拓展官员治理领域的研究提供了有益的经验证据和研究思路。

的实施机制。本章通过构建"中央政府—地方政府—企业"三方主体的理论模型，论述了国民经济规划体系与政府治理体制的绞合机制对国民经济规划推动高质量发展建设的影响，尤其着重分析了地方官员的晋升激励、地方政府财政收入分权以及财政支出分权对于国民经济规划施政效果的影响。本章的实证结论再一次验证了国民经济规划推动高质量发展建设的有效性。除此之外，实证结果表明官员的晋升激励能够强化国民经济规划推动高质量发展建设的施政效果；财政收入分权扩大了地方政府可支配的财政收入来源，有利于国民经济规划推动高质量发展建设；财政支出分权降低了地方政府可支配的财政资源，不利于国民经济规划推动高质量发展。本章在进一步的研究中发现，官员的个体特征对于国民经济规划施政效果存在异质性影响。

　　本章的研究表明，我国的政府治理体制对于国民经济规划推动高质量发展建设具有重要的影响。因此，要想实现高质量发展，不能只关注国民经济规划对各级地方政府发展目标要求的转变，"做对激励"的同时也要全面深化体制机制改革，使各项制度间产生协同合力，从而更有效地推动我国高质量发展建设。

第六章

国民经济规划推动高质量
发展的市场机制检验

本书第四章中区域异质性的实证检验结果，在一定程度上揭示了区域发展差距对于国民经济规划施政效果可能存在的影响。改革开放以来，探索如何将市场机制与社会主义基本经济制度结合是我国经济社会发展的主旋律（杨志平，2009）。市场化改革的持续推进与不断深入，对我国产品市场和要素市场的资源配置方式、政府职能转型、公共政策实施、法治环境建设等产生了深远的影响。2006年我国实施了首个国民经济规划，从"计划"向"规划"的转变，充分体现了我国规划实施的制度基础和实施方式的转变。对此，本章从市场机制的视角，探究国民经济规划推动高质量发展的实施机制。本章提出了实证研究假设并在此基础上构建了变量体系和实证模型，实证结果验证了市场化改革对于国民经济规划推动高质量发展的积极意义。

第一节　实证研究假设

对政府和市场关系的思辨是理解我国规划理论和实践发展的关键脉络。"十一五"规划实施伊始，韩慈（2006）就提出处理好政府与市场的关系是决定国民经济规划有效实施的关键。对此，必须要合理界定政府角色，才能充分发挥市场对资源配置的基础性作用。武力（2009）总结了国民经济规划的实施经验，他认为计划管理与市场调节都是宏观调控的手段，在不同的发展时期和发展阶段，对两者的运用各有侧重。马东彦等（2011）比较了国民经济计划和国民经济规划实施的经济制度环境，他提出社会主义市场经济体制是国民经济规划实施所处的基本经济制度环境。赵华（2014）在其博士论文中从政府和市场关系的视角，梳理了五年计划和五年规划的演变历程，强调自"十一五"以来，市场配置资源的领域不断扩大、基础性作用不断凸显。刘晓伟等（2017）认为党和政府充分发挥计划和市场两种资源配置方式，是我国国民经济规划取得巨大成功的关键。

　　学者的上述研究均论证了国民经济规划的实施离不开市场机制的有效发挥，然而上述文献仅以规范性研究方法对此予以论证，并未给出严格意义上的实证检验。对此，本章借鉴王小鲁等（2011，2017）构建的分省份市场化指数，实证检验市场化改革对于国民经济规划推动高质量发展建设的影响效果。王小鲁等（2011，2017）从政府与市场的关系、非国有经济发展、产品市场、要素市场、中介组织和法制建设等领域解读了我国市场化改革的主要方面，并以此为基础构建了测度市场化水平的评价指标体系。该指标体系是被用于测度我国市场化水平的最有权威性的研究之一。具体来看，政府与市场关系的改善着重体现为市场对经济资源的配置领域和主导性不断提高，政府对经济领域的直接干预减弱。非国有经济发展越活跃，意味着市场的竞争度越高，企业经营活力越强，竞争机制促使企业以更低的成本、更高的品质提供产品。产品市场和要素市场的发育程度越高，产品和要素的价格机制越有效，经济资源的流动性越强，越有利于实现有效率的资源配置。中介组织越完善，越能通过市场的专业化分工，降低交易成本。法制建设越完备，越能够加强对市场主体的监督，降低信息不对称，减少逆向选择和道德风险行为。综上所述，市场化改革降低了交易成本，减少了信息不对称，从而有利于政府实施国民经济规划推动高质量发展。对此，本章提出研究假设 H1：市场化改革有利于国民经济规划推动高质量发展建设。

第二节　计量模型设定与变量说明

一、模型设定

为检验研究假设 H1，构建如下模型（6 - 1）：

$$Development_{it} = \alpha_0 + \alpha_1 com_{it} + \alpha_2 market_{it} \times com_{it}$$
$$+ \alpha_3 CONTROL_{it} + \gamma_t + \eta_i + \varepsilon_{it} \qquad (6 - 1)$$

二、变量说明

借鉴部分学者的研究（夏立军等，2007；林木西等，2019），并参考王小鲁等（2011，2017）构建的中国分省份市场化指标体系，本章构建了市场化水平变量体系，如表6 - 1所示。

表6 - 1　　　　　　　　市场化水平变量体系

变量代码	变量名称	市场化指数指标体系
market	市场化总指数	
market1	1. 政府与市场关系	1a：市场分配经济资源比重 1b：减少政府对企业干预 1c：缩小政府规模
market2	2. 非国有经济发展	2a：非国有经济主营业务收入占比 2b：非国有经济固定资产投资占比 2c：非国有经济就业人数占比
market3	3. 产品市场发育程度	3a：价格由市场决定的程度 3b：减少商品市场上的地方保护

变量代码	变量名称	市场化指数指标体系
market4	4. 要素市场发育程度	4a：金融业的市场化 4b：人力资源供应条件 4c：技术成果市场化
market5	5. 市场中介组织发育和法律制度环境	5a：市场中介组织的发育 5b：维护市场的法制环境 5c：知识产权保护

　　资料来源：笔者依据王小鲁等人发布的《中国分省份市场化指数报告（2011）》构建上述变量体系。

第三节　实证结果与分析

一、基准回归

　　表6－2中的第（1）～（6）列为市场化总指数及市场化各分项指标对于国民经济规划推动高质量发展建设影响的实证检验结果。从基准回归来看，市场化总指数及市场化各分项指标的提高，有利于国民经济规划推动高质量发展建设。具体来看，第（1）列表明市场化总指数每提高1个单位，国民经济规划指标完成率对高质量发展水平的影响平均提高0.488个单位。第（2）列的结果表明，政府与市场关系指标每提高1个单位，国民经济规划指标完成率对高质量发展水平的影响平均提高0.437个单位。该结果佐证了本书所提观点，即国民经济规划作为政府与市场共同参与的制度安排，两者关系的改善能够更充分地发挥"市场力量"与"政府之手"的协同治理合力，从而更有效地实现国民经济规划对于高质量发展建设的推动作用。第（3）列表明，非国有经济发展水平每提高1个单位，国民经济规划指标完成率对于高质量发展水平

的影响平均提高 0.238 个单位。非国有经济发展水平的提高,意味着更多的市场主体能够更参与到高质量发展建设中,能够提高国民经济规划中重点任务和重大工程项目的实施效率。第(4)列的结果表明,产品市场发育程度每提高 1 个单位,国民经济规划推动高质量发展建设的影响平均提高 0.0651 个单位。第(5)列的结果表明,要素市场发育程度每提高 1 个单位,国民经济规划推动高质量发展建设的影响平均提高 0.453 个单位。第(6)列中是对市场中介组织和法治环境建设水平的检验,该指标每提高 1 个单位,国民经济规划推动高质量发展的影响平均提高 0.244 个单位。以上实证检验结果,为国民经济规划推动高质量发展建设需要市场机制提供了经验证据。

表 6 – 2 基准回归结果

	(1)	(2)	(3)	(4)	(5)	(6)
com	2.740 *** (6.44)	2.198 *** (5.57)	1.219 *** (2.81)	0.86 (1.23)	1.437 *** (4.30)	0.769 ** (2.38)
com × market	0.488 *** (12.35)					
com × market1		0.437 *** (11.87)				
com × market2			0.238 *** (10.59)			
com × market3				0.0651 (1.03)		
com × market4					0.453 *** (13.43)	
com × market5						0.244 *** (10.11)
_cons	− 0.732 *** (− 3.18)	− 1.103 *** (− 4.92)	− 0.597 ** (− 2.28)	− 1.036 *** (− 4.04)	− 0.872 *** (− 4.11)	− 0.585 ** (− 2.50)

续表

	（1）	（2）	（3）	（4）	（5）	（6）
CONTROL	YES	YES	YES	YES	YES	YES
时间固定效应	YES	YES	YES	YES	YES	YES
个体固定效应	YES	YES	YES	YES	YES	YES
N	270	270	270	270	270	270
R^2	0.478	0.325	0.18	0.047	0.584	0.522

注：***、** 和 * 分别表示估计结果在1%、5%和10%的显著性水平上显著；括号中的结果为估计结果的 t 检验值。

二、稳健性检验

沿用本书第四章、第五章的思路，在稳健性检验中使用 $comD_{it}$、$comG_{it}$、$comS_{it}$、$comE_{it}$ 对本章模型（6－1）进行再次回归，结果如表6－3所示。较为一致的回归结果，验证了本章结论的稳健性。

表6－3　　　　　　　　　　稳健性检验结果

	（1） comD	（2） comG	（3） comS	（4） comE
交互项	0.574 *** （8.21）	0.437 *** （7.87）	0.438 *** （14.91）	0.376 （1.18）
CONTROL	YES	YES	YES	YES
时间固定效应	YES	YES	YES	YES
个体固定效应	YES	YES	YES	YES
N	270	270	270	270
R^2	0.678	0.625	0.668	0.347

注：***、** 和 * 分别表示估计结果在1%、5%和10%的显著性水平上显著；括号中的结果为估计结果的 t 检验值。

第四节　本章小结

本章围绕国民经济规划推动高质量发展的市场机制进行了实证检验。在实证研究中，本章使用市场化总指数及各分项指标检验了市场机制对国民经济规划推动高质量发展建设的影响效果。从实证结果来看，我国的市场化改革有利于国民经济规划推动高质量发展建设。

本章的研究表明，国民经济规划作为政府宏观管理的核心公共政策，它的实施要发挥市场机制的优势，才能够充分释放国民经济规划的制度优势。本章的结论佐证了政府宏观调控和市场调节在社会主义市场经济体制中是"互融共荣"的资源配置手段，二者紧密联系、不可分割。随着市场化改革的不断深入和政府治理体制改革的不断推进，同时运用政府和市场的合力是进一步推动我国经济发展以及实现高质量发展的强大动力。

第七章

结论与对策建议

第一节 研究结论

本书基于中国经济从高速增长向高质量发展转型的战略背景，研究了国民经济规划对推动高质量发展的作用和实施机制。本书遵循归纳分析找寻问题背景、演绎分析推导理论基础、实证分析提供经验证据以及归纳分析总结全书结论的技术路线开展研究设计并得出以下研究结论：

一、国民经济规划是推动我国高质量发展的制度优势

首先，本书分析了国民经济规划对推动高质量发展的必要性。从高质量发展中存在市场失灵和政府失灵的角度出发，论证了国民经济规划通过引导市场主体行为、调节公共领域资源配置、协调多方主体利益矛盾弥补高质量发展中的市场失灵，通过统一各级政府的治理目标、明确政府的责任与约束、为政府提供高质量发展路径减少高质量发展中的政府失灵。由此，本书论证了国民经济规划对推动我国高质量发展建设的必要性。

在此基础上，本书从国民经济规划的发展理念、发展目标和任务安

排三个方面，为国民经济规划推动高质量发展找寻了有效路径。

其一，国民经济规划的发展理念是规划的总方向和总原则，坚持和践行以科学发展观为引领的国民经济规划能够推动我国高质量发展建设。本书通过检验平均政策效应模型和动态政策效应模型，初步论证了实施国民经济规划能够推动我国高质量发展。

其二，国民经济规划的目标是党和政府在规划发展理念的引领下，对未来几年经济社会发展各领域提出的预期和要求。本书通过规划目标有效性检验，验证了规划目标是国民经济规划推动高质量发展的有效路径。

其三，国民经济规划的任务安排是政府落实国民经济规划、实现规划目标的主要抓手。财政支出是政府引导与推动重点任务和重大工程项目实施的基本保障。本书对政府财政支出的中介机制进行了检验，实证结果表明，任务安排是国民经济规划推动高质量发展的有效路径。

二、政府治理和市场机制是国民经济规划推动高质量发展的实施机制

本书从政府和市场两个维度找寻影响国民经济规划推动高质量发展的实施机制。

在政府治理机制分析中，本书提出国民经济规划体系与政府治理体制相互绞合形成了目标治理机制和资源约束机制，从而论证了政府治理对于发挥国民经济规划施政效果的重要影响。在实证检验中，本书使用省级主政官员的晋升激励变量，检验了目标治理机制的有效性，实证结果表明晋升激励强化了国民经济规划对高质量发展的促进作用；本书使用财政收入分权变量和财政支出分权变量，检验了资源约束机制的有效性，实证结果表明，财政收入分权水平的提高有利于国民经济规划推动高质量发展建设，而财政支出分权水平的提高不利于国民经济规划推动高质量发展建设。除此之外，本书发现官员个体特征对于规划目标施政效果存在异质性影响。

在市场机制方面，本书从市场的监督机制和竞争机制出发，论述了市场机制能够规范国民经济规划的施政方向，提高国民经济规划的实施效率，以此论证了市场化改革对于国民经济规划推动高质量发展建设的重要意义。在市场机制的实证检验中，本书以分省份市场化指数实证检验了国民经济规划对推动高质量发展建设的影响，以此为"政府之手"与"市场力量"的"互融共荣"提供了研究证据。

第二节 对策建议

一、发挥国民经济规划的制度优势，推动高质量发展建设

国民经济规划作为有别于"计划"和"市场"的混合型治理制度安排，是我国独特的制度创新。在高质量发展的时代背景下，国民经济规划的必要性和重要性更加凸显。推动我国高质量发展建设，要充分发挥规划治国的制度优势，坚持以规划发展理念为引领、以规划发展目标为依据、以规划任务安排为指导。为进一步充分发挥规划的制度优势，本书提出以下对策建议：

（一）全面坚持党的领导，贯彻遵循国民经济规划的发展理念

发展理念是国民经济规划的总方向和总原则，充分体现了党和政府对中国特色社会主义"为谁发展""发展什么""如何发展"的回答，是党和政府建设中国特色社会主义的战略、目标和能力的集中体现。只有全面坚持党的领导，才能实现全社会各部门、各领域全方位贯彻国民经济规划的发展理念。党的全面领导是国家治理现代化的核心，也是确保国家治理现代化航向正确的"推进器"。

为进一步加强党的领导，本书从推进机构改革和完善党的领导机制建设角度提出以下具体建议：一是要建立党领导重大工作决策的体制机

制；二是要突出党组织在社会各界同级组织关系中的统领地位；三是要强化党组织内部的统一领导；四是要全方面统筹党的组织机构部署；五是要完善党的自我管理机制的常态化、制度化和法制化。加强党的全面领导地位，促进党中央决策部署落实到位，使各级政府贯彻落实国民经济规划的发展理念、发展目标和任务安排，全面引领社会各界的发展方向。

（二）全面推进规划立法，提高国民经济规划的战略定位

随着中国经济的改革和社会的发展，国民经济规划管理在实践中逐步科学化和制度化。但现阶段，我国国民经济规划的制定、实施和评估环节仍然没有立法依据，无法对规划的编制、执行和评估过程施以严格的约束，严重影响了国民经济规划的权威性，不利于我国形成以国民经济规划为核心的宏观政策体系，难以充分发挥规划治国的制度优势。

在党的十八届四中全会提出全面推进依法治国的战略背景下，要尽快促进规划立法，强化规划制定、实施和评估的法律保障。通过法律制度的顶层设计，以立法的形式提高国民经济规划的战略定位，明确国民经济规划的性质和作用，厘清规划管理体系中的组织关系、权责关系、层级关系，从而确立国民经济规划制度的主导地位，保障规划的有效执行和严格评估。只有通过立法，才能够更加规范地建设国民经济规划的制度体系，更有效地发挥规划治国的制度优势。

（三）全面统筹规划管理体系，形成以规划为核心的宏观政策网

政府规划管理以国民经济规划体系为载体。目前，我国已经形成了从中央到地方、从综合到专项的国民经济规划体系，但规划体系内部的衔接机制仍不健全，这导致我国规划的制定和实施存在不可忽视的"碎片化"问题。

对此，要全面统筹我国的规划管理体系，形成内部协调、衔接有序的规划管理格局。在国民经济规划的纵向衔接中，要形成规划理念统

一、规划目标一致、规划任务逐级分解落实的体制机制。在国民经济规划的横向协调中，要以发展规划为核心，全面统筹各部门、各领域专项规划，以此实现规划间高度配合与全面协调。对此，建议成立独立的国民经济规划管理机构，全面统筹各级、各领域规划，实现规划制定、实施和评估过程的常态化、制度化和法制化管理。

国民经济规划是宏观调控政策的核心依据。各项具体政策的协调一致是实现国民经济规划目标的重要保障。首先，要明确国民经济规划在我国宏观管理中的定位，厘清国民经济规划与各项公共政策的关系。其次，利用区块链等技术手段，构建政府政策信息平台，使政策从制定、执行到评估全流程可视化。一方面，促进各部门、各领域信息沟通和意见交换，最大限度实现政策协调、整合，化解政策的"部门化"和"碎片化"问题；另一方面，有利于政策的科学制定、政策执行的实时监督和政策绩效的准确评估，从而保证政府政策协同发力，实现国民经济规划目标。

二、促进规划管理与政府治理协调一致，激励官员为高质量发展积极执政

国民经济规划作为我国政府的公共政策，它的实际执行人是我国各级地方政府官员。如何有效调动官员积极实施国民经济规划是确保规划理念有效落实、规划目标有效实现的关键。对此，本书从激励官员实施国民经济规划的角度出发，对进一步深化政府治理体制改革提出以下对策建议：

（一）厘清官员晋升体制，强化规划目标考核

首先，确保官员晋升体制能够充分调动地方官员积极执政是实现目标治理的重要前提。一方面，要厘清我国官员的晋升体制，强化绩效考核对于官员职位晋升的重要性；另一方面，增加官员晋升体制的公平性和透明性，减少权力腐败，实现官员选拔唯贤能者而用。

其次，要科学合理地制定官员考核标准。一方面，要形成以国民经济规划目标为核心的绩效考核标准；另一方面，要以解决主要矛盾为重点，根据各地区、各部门的实际情况，因地制宜地形成具有不同权重的绩效考核指标体系，制定重点考核指标、"红线"考核指标，使官员的绩效考核标准建立在地区发展实际需要的基础上，从而更好地发挥目标治理机制对地区高质量发展的推动作用。

（二）健全考核评估机制，加强公众参与和监督

考核指标能否有效激励地方官员积极执政的另一个关键因素是对官员的绩效评估。为此，要逐步形成主体多元化、程序制度化的官员绩效评估体系。一方面，在我国已建立的考核制度基础上，引入同级考核与第三方考核制度；另一方面，常态化与制度化绩效考核过程。这不仅有利于发挥考核对官员行为的问责约束作用，也强化了对官员施政的激励作用。

社会公众是公权力的委托人，对于监督权力有效运行具有直接激励。目前，我国政府内部的绩效考核体制使上下级官员间具有"合谋"的动机，造成下级虚报政绩与上级瞒报政绩的问题。由此来看，仅通过上级对下级的绩效考核，难以实现考核的独立性和公正性。在此问题背景下，充分发挥社会公众监督的意义重大。除此之外，随着互联网的普及以及新媒体的发展，公民监督和反馈的渠道不断拓展，重构了政府治理和监管模式，为公众与政府间互动增添了新机遇。对此，要充分利用以区块链为代表的新技术，加强政务公开，建立公众评议机制和公众监督反馈渠道，更有效地约束官员行为，更精准地满足公共需求，更科学高效地实现规划目标。

（三）深化财政体制改革，完善专项转移支付制度

财政资源是地方政府施政的经济保障，在高质量发展的背景下，地方政府实施国民经济规划，要承担更多的公共服务职能。公共服务支出的增加使地方政府的财政压力加大。对此，在我国向高质量发展转型的

战略背景下，要从财政收支的总量规模、分项结构着手，加快形成以地方政府事权责任为依据的财政收支管理体制；与此同时，要进一步深化财政体制改革，积极探索我国财政管理体制机制创新，有效调动中央政府和地方政府推动高质量发展的"积极性"。

除此之外，要进一步实现专项转移支付制度的常态化管理和法制化建设。这一方面弥补了地方政府对高质量发展投入激励不足和财源不足的问题，另一方面有利于促进区域平衡发展，以此为完成国民经济规划目标和任务以及推动高质量发展建设提供必要的财政保障。对此，中央政府要积极承担更多的财政事权责任，提高对各地方政府的专项转移支付力度。此外，要健全常态化转移支付管理制度，制度化转移支付的申请、批复、拨款、使用和监管机制，确保专款专用，有效发挥转移支付对高质量发展建设的推动作用。

三、完善政府与市场"互融共荣"机制，有效推动高质量发展

本书对国民经济规划实施机制的研究，论证了"政府之手"和"市场力量"是社会主义市场经济中"互融共荣"的资源配置方式。对此，本书为更有效地运用两者合力推动高质量发展建设，提出以下对策建议：

（一）明确政府职能定位，建设公共服务型政府

我国经济体制改革实质上体现为对政府与市场关系的逐步调整。当前，我国正处于社会主义市场经济的完善阶段，改革的重点是对政府行政管理体制的改革。在高质量发展的时代背景下，要进一步明确政府职能定位，划清政府资源配置边界。政府既要有所为又要有所不为，既要纠正政府"越位"，也要弥补政府"缺位"。

一方面，纠正政府行为"越位"的偏差。要进一步明确政府在经济资源配置领域的职权范围。2017年我国出台了《关于创新政府配置

资源方式的指导意见》①，将政府参与经济资源配置范围限定为国有资产和自然资源领域。随着我国国有资产管理体制改革和国有资产产权制度改革的不断深入，要进一步推进政府资源配置方式创新，最大限度地发挥政府和市场的合力，提高资源配置效率。另外，要进一步加大简政放权，减少不必要的行政审批制度，减少市场准入和退出限制，让市场机制在资源配置中发挥决定性作用。

另一方面，弥补政府行为"缺位"的不足。高质量发展凸显了对政府公共服务职能的需要和要求。一是加快弥补教育、医疗、文化、体育等公共事业领域发展"不充分"的问题，尤其是在我国奋力实现社会主义现代化国家的新征程上，公共服务的充分发展是满足人全面发展的现实需要；二是加快解决公共服务地域间、城乡间发展"不平衡"的问题，尤其是在当前加快构建全国统一大市场的背景下，公共服务均等化是促进要素市场实现充分自由流动的基本保障。对此，在"十四五"规划以及未来的规划期，我国应创新体制机制，合理规划和贯彻落实公共服务领域的供给侧结构性改革，弥补政府公共服务领域职能的"缺位"。

（二）全面深化市场化改革，发挥市场的效率和监督优势

全面深化市场化改革首先要通过加强产权制度和法治环境建设，完善市场交易规则；与此同时，充分利用新一代信息技术降低交易成本，打破区域市场壁垒，提高市场竞争度，发挥市场的效率优势。

此外，要进一步发挥市场机制的约束和监管优势。市场化改革不仅是通过法治环境建设加强对政府及市场主体的监督，也要充分利用新媒体、大数据等市场化手段提高各主体行为的透明度，改变公众和政府治理方式，形成社会公众的良性互信机制。

---

① 关于创新政府配置资源方式的指导意见 [EB/OL]. http：//www. gov. cn/zhengce/2017 -
01/11/content_5159007. htm.

参 考 文 献

[1]［德］卡尔·马克思、弗里德里希·恩格斯:《马克思恩格斯全集》,中共中央马克思恩格斯列宁斯大林著作编译局译,人民出版社2016年版。

[2]［法］巴札尔:《圣西门学说释义》,王永江等译,商务印书馆1986年版。

[3]［法］韦耶德:《巴贝夫文选》,梅溪译,商务印书馆1962年版。

[4]［荷］丁伯根:《经济政策:原理与设计》,张幼文译,商务印书馆1988年版。

[5]［美］沃西里·里昂惕夫:《投入产出经济学》,崔书香译,商务印书馆2000年版。

[6]［美］约瑟夫·斯蒂格利茨:《社会主义向何处去》,周立群等译,吉林人民出版社2011年版。

[7]［日］百百和、夏目隆、福田亘:《经济计划论》,魏杰等译,陕西人民出版社1986年版。

[8]［瑞典］米尔达尔:《货币均衡论》,钟淦恩译,商务印书馆2010年版。

[9]［苏］列宁:《列宁全集(第二版,增订版)》,中共中央马克思恩格斯列宁斯大林著作编译局译,人民出版社2013年版。

[10]［印度］阿玛蒂亚·森、让·德雷兹:《经济发展与社会机会》,黄飞君译,社会科学文献出版社2006年版。

[11]［英］阿尔弗雷德·马歇尔:《经济学原理》,廉运杰译,华

夏出版社 2005 年版。

[12]［英］阿瑟·塞西尔·庇谷：《福利经济学》，金镝译，华夏出版社 2017 年版。

[13]［英］罗伊·哈罗德：《动态经济学》，黄范章译，商务印书馆 2013 年版。

[14]［英］亚当·斯密：《国富论》，郭大力等译，译林出版社 2011 年版。

[15]［英］约翰·梅纳德·凯恩斯：《就业、利息与货币通论》，徐毓枬译，译林出版社 2011 年版。

[16] 北方十三所高校编写组：《政治经济学（社会主义部分）》，陕西人民出版社 1983 年版。

[17] 曹春方、马连福、沈小秀：《财政压力、晋升压力、官员任期与地方国企过度投资》，载《经济学（季刊）》2014 年第 4 期。

[18] 曹普：《从指导方针的演变看新中国的十二个五年规（计）划》，载《学习时报》2010 年 11 月 25 日。

[19] 曹伟、程六兵、赵璨：《地方政府换届会影响企业纳税行为吗？——来自市委书记变更的证据》，载《世界经济文汇》2016 年第 3 期。

[20] 钞小静、薛志欣：《新时代中国经济高质量发展的理论逻辑与实践机制》，载《西北大学学报（哲学社会科学版）》2018 年第6 期。

[21] 车耳：《第三条道路——法国经济计划的理论与实践》，辽宁人民出版社 1988 年版。

[22] 陈刚、李树：《官员交流、任期与反腐败》，载《世界经济》2012 年第 2 期。

[23] 陈文晖、王婧倩：《以五大发展理念为引领，推动我国经济转型与高质量发展》，载《中国工程咨询》2018 年第 12 期。

[24] 陈小娅：《"十二五"时期科技规划的重点任务》，载《紫光阁》2011 年第 3 期。

[25] 陈云：《陈云文选》，人民出版社 1986 年版。

［26］陈钊：《信息与激励经济学》，格致出版社 2018 年版。

［27］陈治：《财政支出市场化及其预算规制研究》，载《地方财政研究》2017 年第 4 期。

［28］成思危：《发展计划的制定与管理》，经济科学出版社 2004 年版。

［29］丁煌：《西方行政学说史》，武汉大学出版社 2005 年版。

［30］董江楠：《公共政策干预有效性提升的路径研究》，东北财经大学硕士学位论文，2016 年。

［31］范鹏：《世纪以来中国五年计划研究述评》，载《中共党史研究》2015 年第 7 期。

［32］范子英、张军：《财政分权与中国经济增长的效率——基于非期望产出模型的分析》，载《管理世界》2009 年第 7 期。

［33］冯俏彬：《我国经济高质量发展的五大特征与五大途径》，载《中国党政干部论坛》2018 年第 1 期。

［34］付空：《我国财政科技支出效率评价及影响因素研究》，西南大学硕士学位论文，2016 年。

［35］傅勇、张晏：《中国式分权与财政支出结构偏向：为增长而竞争的代价》，载《管理世界》2007 年第 3 期。

［36］傅勇：《财政分权、政府治理与非经济性公共物品供给》，载《经济研究》2010 年第 8 期。

［37］耿曙、庞保庆、钟灵娜：《中国地方领导任期与政府行为模式：官员任期的政治经济学》，载《经济学（季刊）》2016 年第 3 期。

［38］龚六堂、邹恒甫：《政府公共开支的增长和波动对经济增长的影响》，载《经济学动态》2001 年第 9 期。

［39］顾海兵、雷英迪：《地方官员任期长度与辖区经济增速的相关性研究》，载《学术界》2013 年第 11 期。

［40］管汉晖：《关于中国历史上 GDP 研究的一些浅见》，载《中国经济史研究》2011 年第 3 期。

［41］韩博天、奥利佛·麦尔敦、石磊：《规划：中国政策过程的

核心机制》，载《开放时代》2013 年第 6 期。

[42] 韩慈：《我国国民经济和社会发展五年计划若干重大问题研究》，东北师范大学硕士学位论文，2006 年。

[43] 韩国高、张超：《财政分权和晋升激励对城市环境污染的影响——兼论绿色考核对我国环境治理的重要性》，载《城市问题》2018 年第 2 期。

[44] 何立峰：《深入贯彻新发展理念推动中国经济迈向高质量发展》，载《宏观经济管理》2018 年第 4 期。

[45] 胡鞍钢、王亚华、鄢一龙：《国家"十一五"规划纲要实施进展总体评价》，载《经济研究参考》2009 年第 50 期。

[46] 胡鞍钢、鄢一龙、吕捷：《从经济指令计划到发展战略规划：中国五年计划转型之路（1953－2009)》，载《中国软科学》2010 年第 8 期。

[47] 胡鞍钢、鄢一龙、吕捷：《中国发展奇迹的重要手段——以五年计划转型为例（从"六五"到"十一五")》，载《清华大学学报》2011 年第 1 期。

[48] 胡鞍钢、鄢一龙、吕捷：《中国发展奇迹的重要手段——以五年计划转型为例从"六五"到"十一五"》，载《清华大学学报》2013 年第 3 期。

[49] 胡鞍钢：《中国独特的五年计划转型》，载《开放时代》2013 年第 6 期。

[50] 胡鞍钢等：《中国："十三五"大战略》，浙江人民出版社 2015 年版。

[51] 胡宁生：《现代公共政策学》，中央编译出版社 2007 年版。

[52] 胡宇：《政府失灵与政府功能的限度》，载《社会科学研究》2003 年第 5 期。

[53] 姬斌：《继续深化计划管理体制的改革——著名经济学家马洪谈计划与市场的关系》，载《瞭望周刊》1990 年第 18 期。

[54] 贾俊雪、郭庆旺、刘晓路：《资本性支出分权、公共资本投

资构成与经济增长》，载《经济研究》2006 年第 12 期。

[55] 姜佳莹、胡鞍钢、鄢一龙：《国家五年规划的实施机制研究：实施路径、困境及其破解》，载《西北师大学报（社会科学版）》2017年第 3 期。

[56] 蒋宁：《国家级新区评价指标体系构建及滨海新区高质量发展研究》，载《滨海时报》2018 年 10 月 9 日。

[57] 金碚：《关于"高质量发展"的经济学研究》，载《中国工业经济》2018 年第 4 期。

[58] 靳继东：《转型经济视角下政府治理及体制性约束》，载《西南大学学报（社会科学版）》2008 年第 2 期。

[59] 景姗：《公共政策有效执行阻滞的体制因素及消解对策》，首都经济贸易大学硕士学位论文，2008 年。

[60] 孔祥利：《政府公共支出与经济增长相关性的实证分析——利用斜率关联模型求解的一种新方法》，载《人文杂志》2005 年第2 期。

[61] 乐云、李永奎、胡毅：《"政府—市场"二元作用下我国重大工程组织模式及基本演进规律》，载《管理世界》2019 年第 4 期。

[62] 李后建、张宗益：《地方官员任期、腐败与企业研发投入》，载《科学学研究》2014 年第 5 期。

[63] 李祥兴：《中共六个五年计划建议与经济发展方式的转变》，载《安徽师范大学学报（人文社会科学版）》2011 年第 5 期。

[64] 李旭辉、朱启贵、夏万军、李认认：《基于五大发展理念的经济社会发展评价体系研究——基于二次加权因子分析法》，载《数理统计与管理》2019 年第 3 期。

[65] 李云生、杨金田、张惠远：《解读国家环境保护"十一五"规划之"十一五"国家环境保护的重点领域和任务》，载《环境保护》2007 年第 23 期。

[66] 梁平汉、高楠：《人事变更、法制环境和地方环境污染》，载《管理世界》2014 年第 6 期。

[67] 林木西、黄泰岩等:《国民经济学(第三版)》,经济科学出版社 2018 年版。

[68] 林木西、张紫薇、白云飞:《市场化改革与地方国企控制权转移研究》,载《经济体制改革》2019 年第 3 期。

[69] 林毅夫、巫和懋、邢亦青:《"潮涌现象"与产能过剩的形成机制》,载《经济研究》2010 年第 10 期。

[70] 刘凤岐:《陈云经济思想研究》,青海人民出版社 1993 年版。

[71] 刘干、郑思雨:《我国区域经济高质量发展综合评价》,载《生产力研究》2018 年第 10 期。

[72] 刘国光等:《不宽松的现实和宽松的实现》,上海人民出版社 1991 年版。

[73] 刘国光等:《中国十个五年计划研究报告》,人民出版社 2006 年版。

[74] 刘金科:《经济发展方式转变中政府角色转变研究》,财政部财政科学研究所博士学位论文,2012 年。

[75] 刘俊英:《财政预算寻租的原因及后果研究》,新疆财经大学硕士学位论文,2011 年。

[76] 刘瑞:《30 年来国家计划实践与理论互动:从计划到规划》,载《政治经济学评论》2008 年第 2 期。

[77] 刘瑞明、白永秀:《晋升激励、宏观调控与经济周期:一个政治经济学框架》,载《南开经济研究》2007 年第 5 期。

[78] 刘晓伟、牛玉峰:《变与不变:党领导制定和实施五年计(规)划战略演进的历史考察》,载《中共南京市委党校学报》2017 年第 5 期。

[79] 刘震:《基于经济发展方式转变的政府责任研究》,载《甘肃理论学刊》2011 年第 3 期。

[80] 罗党论、佘国满、邓可斌:《地方官员任期与民生投入》,载《中山大学学报(社会科学版)》2015 年第 5 期。

[81] 吕捷、鄢一龙、唐啸:《"碎片化"还是"耦合"? 五年规划

视角下的央地目标治理》，载《管理世界》2018年第4期。

[82] 马东彦、任志江：《改革开放前后"五年计划"的对比研究》，载《长治日报》2011年3月10日。

[83] 孟祥兰、邢茂源：《供给侧改革背景下湖北高质量发展综合评价研究——基于加权因子分析法的实证研究》，载《数理统计与管理》2019年第4期。

[84] 宁骚：《公共政策》，高等教育出版社2000年版。

[85] 牛玉峰、刘晓伟：《新中国"五年规划（计划）"研究的实践检视与理论反思》，载《当代经济研究》2018年第7期。

[86] 庞保庆、王大中：《官员任期制度与经济绩效》，载《中国经济问题》2016年第1期。

[87] 祁凡骅、王珊：《市委书记个人特征与GDP增长关系的实证分析——基于GDP百强市10年1000份市委书记样本的数据分析》，载《北京行政学院学报》2019年第4期。

[88] 任保平：《中国经济高质量发展研究》，载《陕西师范大学学报（哲学社会科学版）》2018年第3期。

[89] 桑玉成：《关于所有制问题的辩证思考》，载《学术月刊》2000年第7期。

[90] 邵宇：《论转型时期我国地方政府治理模式面临的挑战与创新》，载《岭南学刊》2011年第2期。

[91] 盛昭瀚、游庆仲、陈国华等：《大型工程综合集成管理：苏通大桥工程管理理论的探索与思考》，科学出版社2009年版。

[92] 史际春：《民生法大纲》，载《经济法学评论》2012年第12期。

[93] 宋涛：《论计划经济与市场调节相结合》，载《中州学刊》1991年第6期。

[94] 谭之博、周黎安：《官员任期与信贷和投资周期》，载《金融研究》2015年第6期。

[95] 唐啸、王英伦、鄢一龙：《中国地区五年规划：实证测量与全貌概览》，载《南京大学学报（哲学·人文科学·社会科学）》2018

年第 5 期。

[96] 唐兴霖:《公共行政学:历史与思想》,中山大学出版社 2000年版。

[97] 陶然、苏福兵、陆曦、朱昱铭:《经济增长能够带来晋升吗?——对晋升锦标竞赛理论的逻辑挑战与省级实证重估》,载《管理世界》2010 年第 12 期。

[98] 田秋生:《高质量发展的理论内涵和实践要求》,载《山东大学学报(哲学社会科学版)》2018 年第 6 期。

[99] 汪海波:《新中国十个五年计划的回顾:成就和经验》,载《国家行政学院学报》2006 年第 1 期。

[100] 王家云、杨成敏:《新中国制定实施"五年计划"的审视》,载《淮阴师范学院学报(哲学社会科学版)》1999 年第 3 期。

[101] 王金南、蒋洪强:《国家"十二五"环境保护规划体系与重点任务》,载《环境保护》2012 年第 1 期。

[102] 王磊、乐园:《条件约束下的中国发展道路——从十个五年计划看"中国之路"》,载《河北学刊》2006 年第 2 期。

[103] 王贤彬、徐现祥、周靖祥:《晋升激励与投资周期——来自中国省级官员的证据》,载《中国工业经济》2010 年第 12 期。

[104] 王贤彬、徐现祥:《地方官员晋升竞争与经济增长》,载《经济科学》2010 年第 6 期。

[105] 王贤彬、徐现祥:《中国地方官员经济增长轨迹及其机制研究》,载《经济学家》2010 年第 11 期。

[106] 王小鲁、樊纲、余静文:《中国分省份市场化指数报告(2016)》,社会科学文献出版社 2017 年版。

[107] 王小鲁、樊纲:《中国分省份市场化指数报告(2011)》,经济科学出版社 2011 年版。

[108] 王亚华、鄢一龙:《十个五年计划指导方针的演变》,载《宏观经济管理》2007 年第 3 期。

[109] 王亚华、鄢一龙:《中国 10 个五年计划完成情况的定量评

估》，载《当代中国史研究》2009 年第 5 期。

［110］王永亮、王春凤：《民航"十三五"规划重点任务完成率达97%》，载《空运商务》2016 年第 3 期。

［111］王嫒：《官员任期、标尺竞争与公共品投资》，载《财贸经济》2016 年第 10 期。

［112］卫兴华：《社会主义市场经济与计划模式改革》，中国计划出版社 1994 年版。

［113］魏建、鉴闻：《经济增长预期目标为何系统性偏离实际？——基于地级市政府工作报告的实证分析》，载《学习与探索》2018 年第 3 期。

［114］魏敏、李书昊：《新常态下中国经济增长质量的评价体系构建与测度》，载《经济学家》2018 年第 4 期。

［115］吴昊、闫涛：《转变经济发展方式与地方政府治理结构改革》，载《社会科学战线》2010 年第 5 期。

［116］吴孝正：《从计划经济到市场经济——社会主义经济理论与实践的发展》，湖南人民出版社 1999 年版。

［117］武力：《新中国实施十一个五年计划和规划的历史经验》，载《党的文献》2009 年第 4 期。

［118］武力：《新中国实施十一个五年计划（规划）的历史经验》，载《前线》2010 年第 4 期。

［119］武力：《中国共产党经济发展观的历史演进及其启示》，载《教学与研究》2005 年第 9 期。

［120］夏立军、陈信元：《市场化进程、国企改革策略与公司治理结构的内生决定》，载《经济研究》2007 年第 7 期。

［121］夏能礼：《府际目标治理、权力配置结构与地区经济增长》，清华大学博士学位论文，2014 年。

［122］夏书章：《从第十一个五年规划建议看公共管理》，载《公共管理学报》2006 年第 1 期。

［123］肖文涛、王福明：《论加快经济发展方式转变中的政府职责

担当》，载《福建论坛（人文社会科学版）》2010 年第 10 期。

[124] 辛方坤：《财政分权、财政能力与地方政府公共服务供给》，载《宏观经济研究》2014 年第 4 期。

[125] 熊瑞祥、王慷楷：《地方官员晋升激励、产业政策与资源配置效率》，载《经济评论》2017 年第 3 期。

[126] 徐干、陈海林：《公共选择视阈下地方政府官员行为：动机、模式与治理——一个文献分析的框架》，载《湖北行政学院学报》2018 年第 6 期。

[127] 徐慧瑞：《高质量发展指标及其影响因素》，载《金融发展研究》2018 年第 10 期。

[128] 徐孟洲：《论我国公益信托的设立》，载《广东社会科学》2012 年第 5 期。

[129] 徐瑞慧：《高质量发展指标及其影响因素》，载《金融发展研究》2018 年第 10 期。

[130] 徐宪平：《中国经济的转型升级从"十二五"看"十三五"》，北京大学出版社 2015 年版。

[131] 徐莹：《加快建立高质量发展指标体系》，载《中国质量报》2018 年 3 月 20 日。

[132] 鄢一龙、王亚华：《中国 11 个五年计划绩效定量评估》，载《经济管理》2012 年第 10 期。

[133] 鄢一龙：《目标治理——看得见的五年规划之手》，中国人民大学出版社 2013 年版。

[134] 鄢一龙：《五年规划，让中国行稳致远》，载《决策探索（下半月）》2015 年第 11 期。

[135] 鄢一龙：《五年规划：一种国家目标治理体制》，载《文化纵横》2019 年第 3 期。

[136] 闫建平：《参与式政府——中国政府治理模式的创新》，山东大学硕士学位论文，2007 年。

[137] 杨宏山、海峡：《中国政府治理创新的理论分析》，载《学

习与实践》2006 年第 10 期。

[138] 杨伟民:《按照科学发展观的要求 做好"十一五"规划工作》,载《宏观经济管理》2004 年第 8 期。

[139] 杨伟民:《关于"十二五"的若干问题》,载《国际金融》2009 年第 12 期。

[140] 杨伟民:《规划体制改革的主要任务及方向》,载《中国经贸导刊》2004 年第 20 期。

[141] 杨伟民:《加快转变经济发展方式的内涵和重点任务——学习"十二五"规划〈建议〉的几点体会》,载《宏观经济管理》2011 年第 2 期。

[142] 杨志平:《中国经济体制改革热点问题》,辽宁大学出版社 2009 年版。

[143] 姚雪斐:《中印五年规划比较研究——基于公共政策的视角》,清华大学硕士学位论文,2014 年。

[144] 殷醒民:《高质量发展指标体系的五个维度》,载《文汇报》2018 年 2 月 6 日。

[145] 于光远:《战略学与地区战略》,辽宁人民出版社 1984 年版。

[146] 于建荣:《从五年计划到五年规划的嬗变》,载《长江论坛》2006 年第 4 期。

[147] 虞崇胜、张光辉:《经济发展方式转变与政治体制改革的内在逻辑》,载《理论探讨》2011 年第 2 期。

[148] 岳修虎:《对编制国民经济和社会发展中长期规划的思考》,载《宏观经济研究》2002 年第 4 期。

[149] 张得让:《政府采购支出的合理规模及其确定》,载《财政研究》2002 年第 6 期。

[150] 张尔升、胡国柳:《地方官员的个人特征与区域产业结构高级化——基于中国省委书记、省长的分析视角》,载《中国软科学》2013 年第 6 期。

[151] 张建林、罗春艳、虞飞虎:《规划引领——明确珠江水运发

展五年重点任务》，载《珠江水运》2016 年第 20 期。

[152] 张今声、王希文、张虹：《国民经济规划学》，经济科学出版社 2005 年版。

[153] 张军、高远、傅勇等：《中国为什么拥有了良好的基础设施？》，载《经济研究》2007 年第 3 期。

[154] 张可云、赵秋喜、王舒勃：《关于我国未来规划体系改进问题的思考》，载《山西高等学校社会科学学报》2004 年第 3 期。

[155] 张师允：《政府在加快经济发展方式转变中的作用》，载《天津市财贸管理干部学院学报》2010 年第 4 期。

[156] 张同乐、陆军恒：《中国"五年计划"的编制及执行述略》，载《河北师范大学学报（哲学社会科学版）》1997 年第 1 期。

[157] 张伟、崔万田：《地方官员任期、晋升压力与经开区经济增长关系研究》，载《软科学》2019 年第 10 期。

[158] 张五常：《产业转型谈何容易》，载《IT 时代周刊》2009 年第 2 期。

[159] 张勇、刘端：《从计划到规划：宏观经济管理手段的逻辑建构》，载《郑州航空工业管理学院学报》2009 年第 3 期。

[160] 赵华：《新中国历次五年规（计）划的历史经验研究》，中国石油大学（华东）博士学位论文，2013 年。

[161] 赵学宝：《山东省财政科技支出效率评价及影响因素研究》，山东财经大学硕士学位论文，2018 年。

[162] 周黎安、刘冲、厉行等：《"层层加码"与官员激励》，载《世界经济文汇》2015 年第 1 期。

[163] 周黎安：《"官场 + 市场"与中国增长故事》，载《社会》2018 年第 2 期。

[164] 周黎安：《晋升博弈中政府官员的激励与合作——兼论我国地方保护主义和重复建设问题长期存在的原因》，载《经济研究》2004 年第 6 期。

[165] 周黎安：《中国地方官员的晋升锦标赛模式研究》，载《经

济研究》2007 年第 7 期。

[166] 周叔莲、郭克莎:《资源配置方式与我国经济体制改革》,载《中国社会科学》1993 年第 3 期。

[167] 周伟:《基于转变经济发展方式视角下的地方政府改革》,载《行政与法》2011 年第 4 期。

[168] F. Archibugi, Towards a New Discipline of Planning, *Socio - Economic Planning Sciences*, Vol. 30, No. 2, 1996, pp. 81 - 102.

[169] K. J. Arrow, The Economic Implications of Learning by Doing. *Review of Economic Studies*, Vol. 29, No. 3, 1962, pp. 155 - 173.

[170] R. A. Barreto, Endogenous Corruption in a Neoclassical Growth Model. *European Economic Review*, Vol. 44, No. 1, 2000, pp. 35 - 60.

[171] R. J. Barro, Quantity and quality of economic growth. *Central Bank of Chile*, Vol. 5, No. 2, 2002, pp. 17 - 36.

[172] F. M. Bator, The Anatomy of Market Failure. *Quarterly Journal of Economics*, Vol. 72, No. 3, 1958, pp. 351 - 379.

[173] T. Besley and A. Case, Incumbent Behavior: Vote - Seeking, Tax - Setting & Yardstick Competition. *American Economic Review*, Vol. 85, No. 1, 1995, pp. 25 - 45.

[174] R. Blair, Public participation and community development: The role of strategic planning. *Public Administration Quarterly*, Vol. 28, No. 1, 2004, pp. 102 - 147.

[175] O. Blanchard and A. Shleifer, Federalism with and without Political Centralization: China versus Russia. *IMF Staff Papers*, Vol. 48, No. 1, 2000, pp. 171 - 179.

[176] C. Bramall, *Chinese Economic Development*. London: Routledge, 2013, pp. 12 - 22.

[177] L. Brandt and G. Thomas (eds.), *China's Great Economic Transformation*. New York: Cambridge University Press, 2008, pp. 11 - 13.

[178] J. M. Buchanan, An economic theory of clubs. *Economica*,

Vol. 32, No. 125, 1965, pp. 1 – 14.

［179］F. Cairneross, *Economic tools, international trade and the role of business sustainable development: the challenge of transition.* Cambridge: Cambridge University Press, 2000, pp. 153 – 174.

［180］J. C. H. Chai, *China: Transition to a Market Economy.* Oxford: Oxford University Press, 1998, pp. 22 – 30.

［181］G. C. Chow and K. W. Li, China's Economic Growth: 1952 – 2010. *Economic Development and Cultural Change,* Vol. 51, No. 1, 2002, pp. 247 – 256.

［182］G. C. Chow, *China's Economic Transformation,* MA: Blackwell, 2007, pp. 15 – 19.

［183］J. H. Chung and H. Y. Lai (eds.), Assessing the "Revive the Northeast" (zhenxing dong-bei) Programme: Origins, Policies and Implementation. *The China Quarterly,* Vol. 197, 2009, pp. 108 – 125.

［184］A. Feltenstein and S. Iwata, Decentralization and Macroeconomic Performance in China: Regional Autonomy Has its Costs. *Journal of Development Economics,* Vol. 76, No. 2, 2005, pp. 481 – 501.

［185］B. Flyvbjerg and N. Bruzelius (eds.), *Megaprojects and Risk: An Anatomy of Ambition.* Cambridge: Cambridge University Press, 2003, pp. 18 – 23.

［186］L. Freedman, Economic Crises and Political Change: Indonesia, South Korea, and Malaysia. *Asian Affairs,* Vol. 31, No. 4, 2005, pp. 232 – 249.

［187］J. Friedmann, *Planning in the Public Domain: From Knowledge to Action.* Princeton University Press, 1987, pp. 11 – 13.

［188］T. Frye and A. Shleifer, The Invisible Hand, the Grabbing Hand. *The American Economic Review.* Vol. 87, No. 2, 1997, pp. 354 – 358.

［189］A. George and G. Boyne (eds.), Problems of rational planning in public organizations: An empirical assessment of the conventional. *Administration & Society*, Vol. 36, No. 3, 2004, pp. 328 – 350.

[190] D. C. Hambrick, and P. A. Mason, Upper Echelons: The Organization as a Reflection of Its Top Managers. *The Academy of Management Review*, Vol. 9, No. 2, 1984, pp. 44 – 67.

[191] O. Hart and A. Shleifer (eds.), R. The proper scope of government: theory and an application to prisons. *Quarterly Journal of Economics*, Vol. 112, No. 4, 1997, pp. 1127 – 1161.

[192] Q. C. He and M. Sun, Does fiscal decentralization promote the inflow of FDI in China? . *Economic Modelling*, Vol. 43, No. 43, 2014, pp. 361 – 371.

[193] S. Heilmann and O. Melton, The Reinvention of Development Planning in China, 1993 – 2012. *Modern China*, Vol. 39, No. 6, 2013, pp. 580 – 628.

[194] Y. S. Huang, *Capitalism with Chinese Characteristics*. Cambridge: Cambridge University Press, 2008, pp. 11 – 14.

[195] P. F. Landry, *The Communist Party's Control of Local Elites in the Post – Mao Era* . Cambridge: Cambridge University Press, 2008, pp. 22 – 25.

[196] G. P. Latham, Borgogni, L. & Petitta, L. Goal setting and performance management in the public sector. *International Public Management Journal*, Vol. 11, No. 4, 2008, pp. 385 – 403.

[197] Y. Lee, The Differential Effects of Public R&D Support on Firm R&D: Theory and Evidence from Multi – Country Data. *Technovation*, Vol. 31, No. 5 – 6, 2011, pp. 256 – 269.

[198] N. Leff, Economic Development through Bureaucratic Corruption. *The American Behavioral Scientist*, Vol. 8, No. 2, 1964, pp. 8 – 14.

[199] L. H. Liew, *The Chinese Economy in Transition: From Plan to Market*. London: Edward Elgar, 1997, pp. 4 – 10.

[200] O. Melton, *Understanding China's Five - Year Plan: Planned Economy or Coordinated Chaos?* . China Insight Economics, Vol. 9, No. 11, 2010, pp. 1 – 19.

[201] R. Mohan and V. Aggarwal, Commands and Controls: Planning for Indian Industrial Development 1951 – 1990. *Journal of Comparative Economics*, Vol. 14, No. 4, 1990, pp. 681 – 712.

[202] R. Musgrave, The Theory of Public Finance: A Study in Public Economics. *American Journal of Clinical Nutrition*, Vol. 99, No. 1, 1959, pp. 213 – 213.

[203] B. Naughton, *The Chinese Economy: Transitions and Growth.* Cambridge: MIT Press, 2007, pp. 17 – 20.

[204] W. E. Oates, *Fiscal Federalism.* New York: Harcourt Brace Jovanovich, 1972, pp. 21 – 33.

[205] J. C. Oi, Fiscal Reform and the Economic Foundations of Local State Corporatism in China. *World Politics*, Vol. 45, No. 1, 1992, pp. 99 – 126.

[206] V. Ostrom and Charles. The Organization of Government in Metropolitan Areas: A Theoretical Inquiry. *American Political Science Review*, Vol. 55, No. 4, 1961, pp. 831 – 842.

[207] A. Park and S. Rozelle (eds.), Distributional Consequences of Reforming Local Public Finance in China: Evidence from Shanxi. *China Quarterly*, Vol. 147, 1996, pp. 751 – 778.

[208] A. Peterman and A. Kourula, Balancing Act: Government Roles in an Energy Conservation Network. *Research Policy*, Vol. 43, No. 6, 2014, pp. 1067 – 1082.

[209] L. Price and M. Levine (eds.), Assessment of China's Energy - Saving and Emission Reduction Accomplishments and Opportunities During the 11th Five Year Plan. *Energy Policy*, Vol. 39, No. 4, 2011, pp. 2165 – 2178.

［210］ Y. Y. Qian and B. R. Weingast, Federalism as a Commitment to Preserving Market Incentives. *The Journal of Economic Perspectives*, Vol. 11, No. 4, 1997, pp. 83 – 92.

［211］ B. Rothstein, The Chinese paradox of high growth and low quality of government: The cadre organization meets Max Weber. *Governance*, Vol. 28, No. 4, 2015, pp. 533 – 548.

［212］ P. A. Samuelson, The pure theory of public expenditure. *The Review of Economics and Statistics*, Vol. 36, No. 4, 1954, pp. 387 – 389.

［213］ W. Scott, From Mao to Market: Rent Seeking, Local Protectionism, and Marketization in China. *Perspectives on Politics*, Vol. 2, No. 4, 2004, pp. 883 – 885.

［214］ A. K. Sen, *On Economic Inequality*. Oxford: Oxford University Press, 1997, pp. 24 – 26.

［215］ R. Shleifer and W. Vishny, Corruption. *Quarterly Journal of Economics*, Vol. 108, No. 3, 1993, pp. 599 – 611.

［216］ C. Tiebout, A Pure Theory of Local Expenditure. *Journal of Political Economics*, Vol. 64, No. 5, 1956, pp. 416 – 424.

［217］ M. P. Todaro and S. C. Smith, *Economic Development*, London: Pearson, 2006, pp. 11 – 21.

［218］ A. G. Walder, Local Governments as Industrial Firms: An Organizational Analysis of China's Transitional Economy. *American Journal of Sociology*, Vol. 101, No. 2, 1995, pp. 263 – 301.

［219］ A. Waterston, *Development Planning: Lessons of Experience*. Baltimore: Johns Hopkins Press, Vol. 101, No. 2, 1965, pp. 11 – 22.

［220］ R. Weingast and Y. Y. Qian (eds), Federalism, Chinese Style: The Political Basis for Economic Success in China. *World Politics*, Vol. 48, No. 1, 1995, pp. 50 – 81.

［221］ O. E. Williamson, Transaction Cost Economics: the governance of contractual relations. *Journal of Law and Economics*, Vol. 22, No. 2,

1979，pp. 233 – 261.

［222］C. Xu，The Fundamental Institutions of China's Reforms and Development. *Journal of Economic Literature*，Vol. 49，No. 4，2011，pp. 1076 – 1151.

［223］Z. Zhai and T. Ahola（eds.），Governmental Governance of Megaprojects：The Case of EXPO 2010 Shanghai. *Project Management Journal*，Vol. 48，No. 1，2017，pp. 37 – 50.

［224］E. V. Zhuravskaya，Incentives to Provide Local Public Goods：Fiscal Federalism，Russian Style. *Journal of Public Economics*，Vol. 76，No. 3，2000，pp. 337 – 368.